Fritz Bucherer

Die Diomedessage

Fritz Bucherer

Die Diomedessage

ISBN/EAN: 9783743608023

Hergestellt in Europa, USA, Kanada, Australien, Japan

Cover: Foto ©Thomas Meinert / pixelio.de

Manufactured and distributed by brebook publishing software (www.brebook.com)

Fritz Bucherer

Die Diomedessage

DIE
DIOMEDESSAGE.

INAUGURAL-DISSERTATION

ZUR

ERLANGUNG DER DOCTORWÜRDE BEI DER PHILOSOPHISCHEN
FAKULTÄT DER UNIVERSITÄT HEIDELBERG.

EINGEREICHT

VON

FRITZ BUCHERER.

STUTTGART.
DRUCK VON W. KOHLHAMMER.
1892.

Meiner lieben Braut

gewidmet.

Inhalt.

	Seite
Die Tydeussage	1—19
I. Tydeus bei Homer	2—4
II. „ im epischen Cyklus	4—11
III. „ bei den Lyrikern	11—12
IV. „ bei den Tragikern	12—17
V. „ bei den Alexandrinern	17—18
VI. „ bei römischen Dichtern	18—19
Die Diomedessage	20—77
A. Verhältnis des Thrakers und des Tydiden Diomedes	20—25
B. Der Thraker Diomedes	26—31
C. Der Tydide Diomedes	32—77
I. Diomedes bei Homer	32—42
II. „ im epischen Cyklus	42—50
III. „ bei den Lyrikern	51
IV. „ bei den Tragikern	52—62
V. „ bei den Komikern	62
VI. „ in Unteritalien	63—77
Verzeichnis der besprochenen oder erwähnten bildlichen Darstellungen	78—81
Vita scriptoris	82

Tydeus.

Bevor wir die Diomedessage selber ins Auge fassen, wollen wir kurz die Tydeussage in ihrer Entwicklung darstellen, und zwar nicht bloss deshalb, weil Tydeus der Vater unseres Helden ist, sondern weil die beiden Sagen eine gegenseitige Beeinflussung unschwer erkennen lassen.

Die Alten[1]) leiteten den Namen Tydeus von τυτθός klein, neuere Forscher von der Wurzel תד — tundere — stossen ab[2]). Diese Etymologien zeigen das Bestreben, in dem Namen des Helden Züge seines Wesens ausgeprägt zu finden. Er wäre also ein gewaltiger Haudegen, ein Vertreter des kriegerischen ätolischen Volkes.

Auf den Ursprung der Gestalt des Tydeus näher einzugehen, liegt nicht im Rahmen dieser Arbeit, die nur die Entwicklung der Sage darstellen will.

Voigt[3]) und Studniczka[4]) meinen, er sei eine Hypostase des Ares, d. h. der zum Helden abgeblasste Gott. Sie machen dafür seinen kriegerischen Charakter und die Angabe bei einigen Späteren[5]), er sei der Sohn des Ares, geltend. Aber diese Gründe genügen keineswegs, eine solche Annahme zu rechtfertigen.

Dann ist gefragt worden, wie gerade ein Ätoler zur Teilnahme am thebanischen Zuge komme. Welcker[6]) ver-

---

[1]) Etymol. magn. 771ss. — [2]) Curtius, Etymologie⁵ p. 226 und Pott in Kuhns Zeitschrift IX 172; früher Payne Knight, Prolegg. zu Homer p. 173 von θύω. — [3]) Leipziger Studien IV bes. p. 258 ff. — [4]) Kyrene p. 140. — [5]) Diodor IV. 35. 1 und schol. Stat. Theb. I 463. [6]) Epischer Cyklus II p. 320.

mutet, es liege hier ein historischer Kern zu Grunde, es hätten wirklich einmal Ätoler einen thebanischen Fürsten gegen seine Vaterstadt unterstützt. Dies lassen wir dahingestellt. Ebenso zweifelhaft ist es, inwiefern ätolische Stammessage auf die Sage vom Krieg gegen Theben eingewirkt hat.

Doch verlassen wir dieses unsichere Gebiet und stellen uns auf festen Boden, indem wir untersuchen, welches die Thaten und der Charakter des Helden bei Homer sind.

I. Tydeus bei Homer.

Ilias Ξ 115 giebt uns Diomedes selbst Kunde von seinem Geschlechte. Portheus hatte drei Söhne, den Agrios, Melas und Oineus, die in Pleuron und Kalydon in Ätolien wohnten. Oineus blieb dort; aber sein Sohn, von der Heimat fortirrend, liess sich in Argos nieder — denn so wollten es Zeus und die andern Götter [7]). Er heiratete eine der Töchter des Adrastos [8]), bewohnte ein reiches Haus und zeichnete sich besonders im Lanzenkampfe aus. Nach Argos, so mag Homer die Sage vorgeschwebt haben, kommt Polyneikes, um Hilfe gegen seinen Bruder zu suchen, und gewinnt den Adrastos und Tydeus für sich.

Der letztere begleitet den Polyneikes nach anderen Städten im Peloponnes, wo sie um Hilfe werben. Wie es ihnen in Mykenai ergeht, hören wir Δ 376—81.

Die Bewohner sind bereit, ihnen Krieger zu stellen, werden aber durch Zeichen des Zeus abgehalten.

Das Hilfsheer wird zusammengebracht; es lagert am Asopos. Tydeus wird zu Unterhandlungen nach Theben hineingesandt: Δ 382 ff., E 800 ff., K 285 ff. Er trifft die

---

[7]) Dass dieser Zusatz, wie Welcker p. 329 annimmt, darauf hindeutet, dass Tydeus Stammesblut vergossen und von Adrastos Reinigung empfangen habe, ist schon darum unmöglich, weil Homer überhaupt solche Mordreinigung nicht kennt. — [8]) Nach den Späteren Deipyle.

Kadmeionen schmausend im Hause des Eteokles, fordert sie furchtlos zum Wettkampf heraus und besiegt sie mit Hilfe der Athena in allen Wettspielen. Zornig legen sie ihm auf der Rückkehr einen Hinterhalt von 50 Jünglingen unter Maion und Polyphontes; er tötet alle; nur den Maion entsendet er nach Hause, gehorchend den Zeichen der Götter: Δ 383—400.

Schliesslich gehen die Teilnehmer des Zuges infolge ihrer eigenen Freveltbaten zu Grunde: Δ 409. Als sie dahinsanken, war Diomedes noch klein; er kann sich des Vaters nicht mehr entsinnen: Ζ 222. Dass diesen die Erde bei Theben deckt, lesen wir in dem nach dem Vorgang Zenodots allgemein athetierten Verse Ξ 114.

Es sind also zwei Ereignisse aus dem Leben des Tydeus, welche die Sage beschäftigen, einmal seine Flucht aus der Heimat und seine Ansiedlung in Argos, dann seine Teilnahme am Zuge gegen Theben. Bei Homer ist nun der Charakter der Überlieferung derart, dass er nach seinen augenblicklichen Zwecken einzelne Züge aus derselben hervorhebt. So zählt Diomedes in Ξ seine Vorfahren auf und schildert die Übersiedlung des Tydeus nach Argos, um zu zeigen, dass, wenn nicht sein Alter, so doch seine Abkunft ihn berechtige, den Achäerfürsten Rat zu erteilen. Den Kampf am Asopos beschreibt Agamemnon, um den tapferen Thaten des Vaters die ängstliche Zurückhaltung des Sohnes gegenüberzustellen. Wenn Diomedes sich auf einer gefahrvollen Unternehmung befindet, so fleht er die Athena an, ihm zu helfen, wie sie einst dem Tydeus gegen die Thebaner beigestanden. Aus diesem Charakter der Überlieferung ergiebt sich von selbst, einmal, dass wir nicht wissen, wie in der dem Homer vorliegenden Sage die einzelnen Episoden verknüpft waren, — z. B. bleibt es unausgesprochen, warum Adrastos und Tydeus dem Polyneikes einen Heereszug werben — dann, dass in diesen Episoden, bei denen es dem Dichter doch wesentlich auf die Pointe ankommt, für ihn

Nebensächliches nur gestreift wird. So hören wir nicht, warum Zeus die Mykenaier vom Zuge durch Zeichen abgeschreckt, warum Tydeus selbt die Heimat verlassen hat. Inwieweit und wie in der ursprünglichen Sage diese Lücken ergänzt waren, liegt völlig im Dunkeln, und es ist bedenklich, wie wir noch sehen werden, einfach anzunehmen, dass die späteren Dichter der alten Sage gefolgt sind.

Vielmehr kannten sie in einzelnen Punkten dieselbe nicht mehr und füllten die von Homer gelassenen Lücken durch eigene Dichtung.

Anderseits aber steht fest, dass, wenn Homer solche einzelne Episoden herausnehmen konnte, die Sage ihm als geschlossenes Ganze vorgeschwebt hat und also vor ihm ausgebildet war. Diese Ausbildung war, wie wir mit Nitzsch[9]) annehmen müssen, jedenfalls eine dichterische.

Entwerfen wir zum Schluss mit wenigen Strichen ein Gesamtbild von dem Wesen des Tydeus bei Homer: Er ist kein Mann des Rats, sondern der That [10a]); klein an Gestalt [10b]), zeigt er doch alle Eigenschaften, die den Krieger zieren, gewaltige Stärke [10c]), unerschrockenen Mut und hohes Selbstvertrauen [10d]). Athena ist seine Beschützerin [10e]).

II. Tydeus im epischen Cyklus.

a. In der Alkmaionis.

Die Alkmaionis gehört wohl zum epischen Cyklus, ist aber trotz des verwandten Inhalts mit Unrecht von Welcker mit den Epigonoi identifiziert worden.

Wie wir aus einer Notiz des Apollodor [11]) wissen, gab sie, unbekannt, bei was für einer Gelegenheit [12]), fol-

---

[9]) Epische Poesie der Griechen p. 180 ff. — [10a]) Δ 399. 400; [b]) E 800; [c]) Δ 391 ff.; [d]) Δ 373 ff., 386 ff., E 801; [e]) Δ 390, E 809, K 285 ff. — [11]) I, 8, 5, 3. — [12]) Ganz unsicher ist die Vermutung, die Welcker hierüber aufgestellt E. C. II. 390.

genden Grund für die Verbannung des Tydeus an: Er sei vertrieben worden, weil er die Söhne des Melas, die dem Oineus nachstellten, getötet habe, nämlich den Pheneus, Euryalos, Hyperlaos, Antiochos [13]), Eumedes, Sternops, Xanthippos, Sthenelaos.

Es fragt sich nun, ob der Dichter der Alkmaionis in diesem Punkte der alten Sage gefolgt ist, die Homer in Ξ zu erwähnen keinen Grund hatte, oder ob diese Sage nicht mehr im Gedächtnis war, dieser Zug also in der Alkmaionis frei erfunden ist. Das letztere ist wahrscheinlicher; denn wäre die Alkmaionis in dieser Version der alten Sage gefolgt, so hätte dieselbe wohl festen Fuss gefasst, und wir würden nicht so viele Abweichungen davon bei den Späteren finden. Für meine Ansicht spricht ausserdem, dass der Sagenzug der Alkmaionis kein individueller ist; er scheint vielmehr dem Homer entnommen zu sein, bei dem oft Verwandtenmord die Ursache für das Verlassen der Heimat ist. Auch knüpft unser Dichter an die Genealogie des Tydeus bei Homer an und giebt den Kindern des Melas entweder frei erfundene oder in der argivischen Sage häufig vorkommende Namen.

b. In der Thebais.

Der Gang der Thebais lässt sich noch aus lyrischen und tragischen Dichtungen, nach Kunstwerken und Angaben der Mythographen mit Wahrscheinlichkeit rekonstruieren; uns geht hier nur an, welche Rolle Tydeus darin spielt.

Wie er und Polyneikes Eidame des Adrastos geworden, mag in einer Episode erzählt worden sein. Die Aufnahme der beiden in Argos ist dargestellt auf einem chalkidischen Vasengemälde aus Nola [14]): Adrastos liegt auf einer Kline;

---

[13]) Ἀντιόχην ist überliefert, muss aber in Ἀντίοχον geändert werden, so Faber, Bekker und Hercher. — [14]) Annali XI (1889) tav. P = Overbeck, Heroische Gallerie Taf. III, 4 = Archäolog. Zeitung 1866, Taf. 206 = Baumeister, D. I. Abb. 19.

ihm gegenüber sitzen auf der Erde Tydeus und Polyneikes (auf der Vase ΟΜΑΨΟΣ?) als Schutzflehende; hinter ihnen stehen die Töchter des Adrastos, auf die Kline lehnt sich seine Gattin.

Overbeck [15]) meint, schon die Thebais habe das p. 14 zu besprechende Orakel vom Eber und Löwen gekannt. Polyneikes und Tydeus hätten miteinander gekämpft und seien von Adrastos versöhnt worden. Dies lässt sich aus dem Vasenbilde nicht schliessen.

Vielmehr scheinen, wie wohl auch im Epos, die beiden Fremdlinge den König um Schutz und Hilfe anzuflehen. Die Gegenwart der Töchter weist auf ihre baldige Vermählung mit jenen hin.

Anders ist die Situation bei Statius, Theb. I, 524—42, eine Stelle, die gewöhnlich beigezogen wird. Hier findet nach der Versöhnung ein Gastmahl statt, zu dem auch, nachdem sich die Jünglinge dem Könige gegenüber gelagert, die beiden Töchter gerufen werden.

Adrastos, so mag es die Thebais dargestellt haben, verspricht seinen Schwiegersöhnen, sie mit Gewalt in die Heimat zurückzuführen. Amphiaraos rät vom Krieg mit Theben ab; Tydeus dagegen ist der ungestümste Dränger zum Kampfe.

Eine solche Streitscene, wie sie wohl der Thebais entnommen ist, zeigt uns eine etruskische Gemme [16]), die Overbeck mit Welcker auf folgende Weise deutet: Amphiaraos trübe Weissagungen erschüttern den Polyneikes und Adrastos, die mit dem Ausdruck tiefer Niedergeschlagenheit dasitzen. Tydeus und Parthenopaios feuern durch kriegerische Bewegungen zum Kampfe an. Diese Deutung ist richtig. Nur ist der rechts Sitzende nicht Adrastos, sondern Parthenopaios; ausserdem lässt nur Adrastos kriegerische Bewegungen erkennen.

---

[15]) H G p. 90. — [16]) H G p. 81 ff. Taf. III,2; vgl. Welcker E. C. II. 332 25.

Ein ähnliches Bild zeigt uns ein etruskischer Spiegel [17]). Amphiaraos rät dem Adrastos vom Kriege ab. Tydeus widerspricht heftig. Er hält ein Halsband in der Hand. Sonst ist es ja Polyneikes, der durch das Halsband Eriphyle besticht, ihren Gemahl Amphiaraos zum Krieg zu zwingen; hier bedeutet es, dass die Partei des Tydeus schliesslich über den Seher siegen werde.

Der Zug kommt zu stande; aber der Tod des Opheltes bei Nemea wirft einen düstern Schatten auf das Unternehmen. Schon Pindar erwähnt am Ende der VIII. Nemeischen Ode die Einsetzung der Nemeen im Kriege des Adrastos gegen Theben. Das Epos enthielt also wohl auch den Anlass zur Gründung dieser Spiele, nämlich den Tod des Opheltes. Die gewöhnliche Version hierüber ist diese [18]):

Bei Nemea suchen die Helden nach Wasser; Hypsipyle, die Amme des Opheltes, des Sohnes des Königs Lykurgos, legt das Kind ins Gras, um ihnen eine Quelle zu zeigen. Das Kind wird von einer Schlange getötet und von den Helden bestattet. Amphiaraos nennt es Archemoros und weissagt einen unglücklichen Ausgang des Kriegs. Zu Ehren des Archemoros werden die nemeischen Spiele gestiftet. Tydeus siegt im Faustkampf.

Nach Statius Theb. V. 661 will Lykurgos die unvorsichtige Amme töten, aber Tydeus stürmt auf ihn ein, und sie werden nur mit Mühe durch Adrastos und Amphiaraos vom Kampfe zurückgehalten.

Dass diese Scene wirklich der Thebais entnommen ist, macht eine Darstellung auf dem amykläischen Throne wahrscheinlich. Es waren, sagt Pausanias [19]), dargestellt Tydeus und Adrastos, den Amphiaraos und Lykurgos vom Streite abhaltend. Pausanias verwechselt nur offenbar die

---

[17]) Overbeck H G Taf. III 3 = Gerhard, Etrusk. Spiegel I, T. 78. — [18]) Apollodor III. 6. 4; Paus. II. 15. 2 u. 3; schol. Clem. Alex. p. 105 (ed. Klotz); Hygin f. 74; arg. Pindar. Nem.; schol. Pindar. N X. 49; Philostr. ιμαγενες 7; Tzetzes zu Lykophron 373. [19]) III. 18. 12.

Namen der Personen. Zweifelhaft ist es, ob wir die Scene auf einem schwarzfigurigen Vasenbild[20]) erkennen dürfen. Zwei Krieger stürmen mit gezücktem Schwert aufeinander ein. Jedem hat sich ein Greis mit weissem Haar und Bart entgegen geworfen, der den Schild und den linken Arm jener erfasst. Auf der andern Seite hat je ein nackter, bekränzter Jüngling mit beiden Händen den rechten Arm des Kriegers gefasst und zieht ihn mit Gewalt zurück. Die Deutung auf Lykurgos und Tydeus, zuerst von Jahn[21]) gegeben, von andern[22]) angenommen, ist wohl unrichtig.

Auf die Thebais mag auch der Streit beim Überschreiten des Ismenos zwischen Tydeus und Amphiaraos zurückgehen, wie ihn Aischylos in den Ἑπτά darstellt.

Dagegen fraglich bleibt es mir, ob Welcker und Nitzsch die Ermordung der Ismene mit Recht in die Thebais versetzen. Wir müssen hier unterscheiden die uns aus Mimnermos[23]) erhaltene Notiz: „Ismene mit Theoklymenos verkehrend, wird von Tydeus auf Befehl der Athena getötet"; und die Angabe des Pherekydes[24]):

„Tydeus tötet Ismene an der Quelle, und nach ihr wird die Quelle Ismene genannt."

Wer Theoklymenos ist, wissen wir nicht. Überhaupt ist bei der Dürftigkeit der Notizen ein Urteil schwer. Aber äusserst bedenklich scheint es mir, mit Welcker die beiden Versionen ohne weiteres zu verschmelzen. Mimnermos hebt als Anlass zur That den Verkehr der Ismene mit Theoklymenos hervor, Pherekydes das Wasserholen an der Quelle; ferner giebt bei letzterem die ätiologische Tendenz das Hauptmotiv ab[25]). Endlich glaubt Welcker, die Scene sei eine sehr berühmte gewesen, weil sie auf vielen archaischen

---

[20]) Archäolog. Zeitung 1854 Taf. LXVII. — [21]) Münchener Vasensammlung Nr. 330. — [22]) Siehe die Litteratur bei Schneider: Der troische Sagenkreis in der ältesten griechischen Kunst. — [23]) Frg. 21 (Bergk). — [24]) Frg. 48 (Müller). — [25]) So auch Robert, Bild und Lied p. 21 A. 19.

Vasen vorkomme. Aber diese werden jetzt meist mit
Sicherheit auf den Tod des Troilos gedeutet[26]). Nur auf
einigen Vasenbildern[27]) fehlt Troilos. Ein Krieger stürmt
gegen eine Jungfrau an, die an einer Quelle Wasser holt.
Der Typus ist derselbe, wie der der Achilleus-Troilosdar-
stellungen, die Deutung also bei Mangel an Namen ganz
unsicher.

Ich lasse es unentschieden, ob wir eine jener beiden
Versionen, die wir nicht kombinieren dürfen, der Thebais
geben sollen. Dem Charakter des Tydeus würde die That
nicht widersprechen.

Die Erzählung des Mimnermos ist dargestellt auf einer
korinthischen Vase[28]): Tydeus ermordet (im Gemach?) die
auf einer Kline ruhende Ismene. Ihr Buhle, der Bundes-
genosse des Eteokles, Periklymenos, flieht davon. (Zu be-
achten ist der Wechsel der Namen: Theoklymenos bei Mimnermos; Polyklymenos auf dem Vasenbild.) Unmöglich
ist die Deutung Welckers[29]), der auch hier an die Brunnen-
scene denkt.

In dem schliesslichen Untergang der Helden vor Theben wird auch der Tod des Tydeus einen Hauptplatz ein-
genommen haben. Die Notizen über diesen Vorgang
stimmen im wesentlichen überein.

Pherekydes berichtet[30]): Tydeus wird von Melanippos,
dem Sohne des Astakos, verwundet[31]). Amphiaraos tötet

---

[26]) Vgl. z. B. Furtwängler, Berliner Vasensammlung p. 230. —
[27a]) Gerhard, Etrusk. und camp. Vasenbilder Taf. E 11 = Overbeck
H G Taf. III 2. [b]) Gerhard Taf. E 16 cf. Winnefeld, Karlsruher
Vasensammlung p. 42. [c]) Gerhard Taf. E 9. — [28]) Monumenti VI
tav. XIV cf. Robert a. a. O. — [29]) Alte Denkmäler V p. 257 ff. —
[30]) Frg. 51. — [31]) Eine Gemme bei Overbeck H G Taf. V 7 mit der
Aufschrift: TVTE stellt nicht einen Verwundeten, sondern einen
ἀποξυόμενος dar. Dagegen erkennen wir den verwundet vornüber
ins Knie stürzenden Tydeus auf zwei anderen Gemmen: Winckelmann, monum. ined. n 107 = Gal. mythol. 140 $_{549}$ und Mikali Storia
tav. 116 3.

diesen und reicht seinen Schädel dem Tydeus, der ihn im Zorn aufschlägt und das Gehirn ausschlürft. Athena will ihm eben die Unsterblichkeit vom Himmel bringen, wendet sich aber bei dieser grässlichen That entsetzt ab. Tydeus bittet sie, seinem Sohne die Unsterblichkeit verleihen zu wollen [32]).

Schol. Pindar N 12 und Apollodor III. 6. 8. 3 führen einen Grund an, warum Amphiaraos das Haupt des Melanippos dem Tydeus reiche. Beim ersteren ist es die Bitte des vor Zorn wahnsinnigen Tydeus. Dies ist das natürlichere, einfachere, also auch wohl ältere. Später erfunden erscheint mir mit Welcker das Motiv bei Apollodor, wonach Amphiaraos aus Hass gegen Tydeus, weil er die Argiver überredet, gegen Theben zu Felde zu ziehen, das Haupt des Melanippos ihm reicht, damit er der Unsterblichkeit verlustig gehe. Auf spätere Zeit scheint auch hinzuweisen, dass Apollodor sagt: Athena erbittet von Zeus ein Mittel (φάρμακον), um den Tydeus unsterblich zu machen. Der alte Epiker bedarf keines solchen Mittels. Er sagt einfach: „Sie bringt ihm die Unsterblichkeit," ohne sich darüber Gedanken zu machen, wie diese vermittelt wird.

Der grässliche Vorgang deutet auf eine Zeit, die bei Homer längst überwunden ist, wenn auch Achilleus sagt [33]):

αἲ γάρ πως αὐτόν με μένος καὶ θυμὸς ἀνείη
ὤμ' ἀποταμνόμενον κρέα ἔδμεναι.

Verschiedene Gemmen [34]) werden von Overbeck auf Tydeus mit dem Kopfe des Melanippos gedeutet. Dagegen spricht aber, dass auf den bisherigen — freilich ungenügenden — Abbildungen eine Angabe der Verwundung nicht zu erkennen ist.

Die Leiche des Tydeus sehen wir zusammen mit denen

---

[32]) So auch Paus. IX. 18. 1 u. 2; schol. Lykoph. 1066; Eustat. V. 255. — [33]) Il. X. 346; vgl. Welcker, E. C. II. S. 364 A. 106. — [34]) Overbeck H G p. 129 ff. Auf Taf. V, 10 scheint Tydeus eben im Begriff zu sein, den Kopf des Feindes zu spalten.

des Polyneikes, Hippomedon und Parthenopaios auf einem Sarkophagrelief[35]).

Hinsichtlich der Statuengruppe der sieben Helden und der der Epigonen, welche die Argiver nach Delphi weihten, lässt sich kein Zusammenhang mit dem Epos nachweisen: Paus. X 10. 3. 4 vgl. Brunn, Künstlergesch. I ² S. 206.

III. Tydeus bei den Lyrikern.

Nur ganz schwache Spuren zeigen uns, dass auch die Lyriker den thebanischen Krieg und seinen Helden Tydeus besungen haben.

a. Mimnermos[36]) hat den Tod der Ismene erzählt. Ob er seine Version frei erfunden oder dem Epos entlehnt hat, lässt sich nicht entscheiden; vgl. S. 8 u. 9.

b. In der Eriphyle des Stesichoros[37]) werden Kapaneus und Lykurgos durch den bestochenen Asklepios wieder ins Leben gerufen. Welcker[38]) nimmt wohl mit Recht an, dass dieser Lykurgos der König von Nemea sei, der in „der Thebais das Leben nicht verlor, bei Stesichoros aber vermutlich durch Tydeus in dem Streit wegen des getöteten Kindes umkam. Jedenfalls begegneten demnach die Epigonen dem Lykurgos in Nemea."

c. Bacchylides[39]) sagt über den Tod des Tydeus: Athena will ihm die Unsterblichkeit verleihen.

d. Bei Pindar tritt in den grossen Zügen, in denen er den Krieg schildert, die Gestalt des Tydeus nicht hervor.

---

[35]) Robert, Sarkophagreliefs II. p. 195 Taf. LX n. 184. — [36]) Frg. 21. — [37]) Apollodor III. 10. 3; schol. Pindar Pyth. Od. III. 96; schol. Eurip. Alcest. 2. — [38]) E. C. H. p. 391. [39]) Frg. 51 schol. Aristoph. av. 1535. Nitzsch, Ep. P. d. Gr. p. 417, meint, Bacchylides scheine ein anderes Symbol der Unsterblichkeit bezeichnet zu haben statt des Heilkrautes, welches Apollodor angiebt. Warum überhaupt ein Symbol? vgl. S. 10.

Der Charakter des Tydeus im epischen Cyklus und bei den Lyrikern ist im wesentlichen derselbe wie bei Homer. Nur ist seine kriegerische Tapferkeit wohl in Anlehnung an vorhomerische Sage bis zur entsetzlichen Wildheit gesteigert, so dass selbst seine Schutzgöttin Athena sich von ihm abwendet und ihm die Unsterblichkeit missgönnt.

IV. Tydeus bei den Tragikern.

1. Die Tragiker weichen vom epischen Cyklus ab

a. in der Ursache der Vertreibung des Tydeus aus der Heimat.

Den Tragikern ist es noch im Gedächtnis, dass Tydeus aus Ätolien stammt, und sie streifen gelegentlich den Grund, warum er sein Vaterland verloren. Dass das Beiwort ἀνδροφόντης, das ihm Aischylos[40]) giebt, darauf hindeutet, dass er Verwandte getötet, wie der Scholiast zu dieser Stelle annimmt, ist unrichtig. Bei Euripides[41]) ist es ausgesprochen, dass er wegen Verwandtenmord geflohen ist. Endlich Sophokles[42]) erzählt, wie Tydeus, nachdem er einen Verwandten getötet, sich in Argos niederlässt. Diese Andeutungen, wenn auch noch so kurz, genügen doch, um einzusehen, dass wenigstens dem Sophokles eine andere Version der Sage vorgeschwebt hat, als sie uns die Alkmaionis bietet. Nicht eine Reihe feindlicher Verwandten, die seinem Vater nachgestellt, tötet er, sondern einen Verwandten, und zwar, wie wir annehmen dürfen, aus Unvorsichtigkeit.

Stellen wir jetzt die Versionen über diesen Punkt zusammen, so lassen sich diese in drei Hauptgruppen scheiden.

1. Für sich steht Pherekydes[43]). Nach ihm tötet Tydeus seinen eigenen Bruder Olenias. Diesen Zug hat

---

[40]) Septem 552. — [41]) Supplices 148 und frg. 558. — [42]) Frg. 731. — [43]) Frg. 83 = Apollodor I. 8. 5. 3.

Sophokles im Auge. Olenias heisst dieser Bruder, wie Rohde vermutet, nach der Stadt Olenos, der Heimat der Periboia, der zweiten Gemahlin des Oineus.

Dieselbe Version scheint bei Statius vorzuliegen, obgleich hier der Name des Bruders nicht genannt wird; s. unten S. 18.

Nach dem schol. Statius Theb. II 113 heisst der Bruder Melanippos. Die Scholien zu Statius sind aber eine zweifelhafte Quelle [44]), die kaum in Betracht kommt.

Endlich lesen wir bei Hygin [45]), Tydeus sei vom Vater vertrieben worden, weil er seinen Bruder Melanippos auf der Jagd getötet habe; s. unten S. 18.

2. Die alte Version der Alkmaionis war, dass Tydeus die Söhne des Melas erschlug, die seinem Vater nachgestellt hatten.

3. Der Sage nach tötet Diomedes die Söhne des Agrios aus demselben Grunde. Dieser Zug gewinnt Einfluss auf die Tydeussage. Nach Diodor [46]) tötet Tydeus die Söhne des Agrios, den Lykopeus und Alkathoos [47]). Man hatte aber noch im Gedächtnis, dass er es ursprünglich mit Melas zu thun hatte. Deshalb nimmt die Sage folgende Gestalt an: Tydeus, tapferer als seine Zeitgenossen, sah in seiner Jugend, wie sein Vater wegen Alters von den Söhnen des Agrios vertrieben wurde; deswegen tötete er seine Vettern und mit ihnen ungern seinen Vatersbruder Melas; so schol. Il. Ξ 120. Ganz dasselbe scholion ist schol. Il. Ξ 116 (C. Townleyanus). Dieses bietet die richtige Lesart: καὶ τὸν πατράδελφον, während im Ven. A ἀνεψιόν, im Ven. B ἀδελφόν überliefert ist.

---

[44]) So lässt sich auch mit schol. Stat. Theb. I. 402, Tydeus habe seinen Oheim mütterlicherseits, den Thoas oder Aphareus getötet, nichts anfangen. — [45]) F. 69. — [46]) IV, 65. 2. — [47]) Nach schol. Aischyl. Sept. 572 dagegen sind dies die Söhne des Melas. Nach Apollodor I. 8. 5. 3. ist Alkathoos der Bruder des Oineus, also der Oheim des Tydeus.

Endlich soll er seine eigenen Söhne getötet haben. Diese heissen nach schol. Il. Ξ 120 Alkathoos und Lykopeus. Vom Mythographus Vaticanus I. 51 wird sein Sohn, den er tötet, gar Melanippos genannt.

b. in der Einführung des Orakels vom Eber und Löwen.

Nach Euripides [48]) hat Adrastos von Apollon den rätselhaften Befehl erhalten, seine Töchter mit einem Löwen und einem Eber zu vermählen. In der Nacht kommt Polyneikes in das Gehöfte des Königs und trifft mit einem andern Flüchtling, Tydeus, zusammen. Sie geraten in Kampf wegen des Lagers; deshalb vergleicht sie Adrastos mit Eber und Löwen, versöhnt sie, giebt ihnen seine Töchter und verspricht, sie in ihr Vaterland zurückzuführen.

Die Geschichte ist, wie Welcker [49]) vermutet, erfunden, um zu erklären, warum Adrastos seine Töchter mit zwei Fremden vermählt, und darf vielleicht als Neuerung des Euripides angesehen werden. Adrastos erkennt den Tydeus und Polyneikes als die vom Orakel bezeichneten daran, dass sie wie wilde Tiere miteinander kämpfen [50]).

Die Entwicklung der Versionen, wie wir sie bei den Mythographen finden, lässt sich noch leicht erkennen. Den Orakelspruch überliefert uns Mnaseas [51]). Apollodor [52]) schliesst sich eng an Euripides an. Auch bei ihm kämpfen Polyneikes und Tydeus miteinander und werden von Adrastos versöhnt, der sie mit Argeia und Deipyle vermählt und ihnen die Heimkehr ins Vaterland verspricht. Aber dem Mythographen ist nicht mehr klar, warum die beiden bloss infolge ihres Streites als die richtigen erkannt werden; er braucht ein äusseres Erkennungszeichen und giebt deshalb dem Tydeus als Schildzeichen einen Eber,

---

[48]) Phön. 412 ff.; Hiket. 135 ff. — [49]) E. C. II. 331, A. 24. — [50]) Mit Eber und Löwen werden kämpfende Helden auch Il. E. 782 verglichen, und sie kommen auch sonst oft verbunden vor; vgl. Welcker a. a. O. — [51]) Frg. 48. — [52]) III. 6. 1.

dem Polyneikes einen Löwen. Nachdem dieser Zug in die
Sage eingeführt ist, wird der Kampf zwischen Tydeus und
Polyneikes überflüssig. Diodor[53]) erwähnt nichts von einem
Streit. Adrastos nimmt die beiden auf und vermählt sie
nach einem alten Orakelspruche. Ebenso ist es bei Hygin[54]). Nur ist hier als Erkennungszeichen das gewählt,
dass sie mit den Fellen jener Tiere bekleidet sind.

Bei Eustathius[55]) sind die drei Versionen geschieden:
1. die beiden sind mit Fellen von Eber und Löwen bekleidet; 2. sie haben jene Tiere als Schildzeichen — beidesmal findet kein Kampf statt; 3. die beiden streiten wie
Eber und Löwe miteinander. Nach schol. Phön. 409 finden
sie jene Felle, die Weihgeschenke von Jägern, im Tempel
des Apollon.

2. **In der Charakteristik des Tydeus lehnt sich
die Tragödie vollständig an das Epos an.**

Aischylos schildert ihn als Haupturheber des Krieges
und verderblichen Kriegshelden. Amphiaraos nennt ihn
„Verwirrer der Stadt, grössten Lehrmeister des Unglücks
für Argos, der Erinys Vorlader, Mordgehilfe, Ratgeber des
Adrastos zum Unheil"[56]). Der Gegensatz zu Amphiaraos
wird besonders beim Überschreiten des Ismenos deutlich.
Der Seher will nicht hinüber, weil die Opfer ungünstig
sind, Tydeus brüllt wie ein Drache und beschuldigt ihn
der Feigheit. Er schüttelt Helmbusch und Schild, dessen
Zeichen der gestirnte Himmel ist[57]). Der Bote, der dem
Eteokles die feindlichen Heerführer schildert, nennt ihn
zuerst: er rase am Prötidischen Thore. Ihm stellt der
thebanische Fürst den Melanippos, den Sohn des Astakos
entgegen[58]). Seinen Tod erwähnt Aischylos nicht.

---

[53]) IV. 65. — [54]) Fab. 69 = schol. Il. Δ 376 = mythogr.
Vat. I. 80 = II. IV. 880. Für συνέχαιρε ist αὐτοῖς συγχαίρειν ist zu
schreiben συνέχαιρε. — [55]) Sept. 552. [56]) 380 ff. [57]) Sept. 388 ff.

Sophokles [59]) nennt ihn als Teilnehmer des thebanischen Zuges, und wie sehr ihm sein Tod wegen jener grässlichen That in Erinnerung geblieben, zeigt Frg. 731, wo Odysseus dem Diomedes vorwirft, sein Vater habe das Gehirn des Melanippos gefressen. Euripides sieht in ihm nur den tapferen Krieger. Der Gegensatz zu Amphiaraos verschwindet. In den Supplices [60]) rühmt Adrastos ihn als den tapfersten der gefallenen Helden. In den Phönissen kämpft er am Homoloidischen Thore; auf dem Schild trägt er ein rauhbehaartes Löwenfell als Zeichen; in der Rechten schwingt er wie Prometheus die Fackel, um die Stadt zu zerstören [61]). Er dringt so ungestüm vor, dass die Verteidiger das Thor verlassen, und Eteokles sie nur mit Mühe wieder zurückführt [62]).

Sein Tod und das grässliche Verzehren des Gehirnes des Melanippos wird im Meleagros vorausgesagt [63]). In diesem Stücke spielte er wohl eine Rolle. Vielleicht lässt sich auf diese Tragödie des Euripides das Gemälde einer Amphora [64]) beziehen, das zuerst von Kékulé [65]) richtig gedeutet wurde. Auf einer Kline ruht mit schmerzlicher Gebärde Meleagros, unterstützt zur Rechten von Tydeus (ΤΥΔΕΥΣ), zur Linken von Deianeira. Von links eilt eine tief betrübte Frau, wohl Althaia, herbei. Die übrigen Personen interessieren uns nicht. Es mag sein, dass Euripides zuerst, abweichend von Homer, den Tydeus beim Tode des Meleagros zugegen sein lässt.

Was der Tydeus des Theodektes behandelte, ist ganz unklar. Aristot. poet. c. 16 p. 1455. 9. a sagt: τετάρτη δὲ (sc. ἀναγνώρισις ἡ ἐκ συλλογισμοῦ, οἷος ἐν τῷ τοῦ Θεοδέκτου

---

[59]) Oed. Col. v. 1315. — [60]) v. 901. — [61]) Phön. v. 1129. — [62]) v. 1574. — [63]) Frg. 537. — [64]) Heydemann, Neapl. V. II. S. Santangelo Nr. 11. Bullett. arch. Napol. VIII. tav. VI. — [65]) Strenna festosa offerta a Henzen p. 7; vgl. Ribbeck, R. Tr. S. 519; Vogel, Scenen des Euripides auf Vasen S. 80 ff.

Τυδεῖ, ὅτι ἐλθὼν ὡς εὑρήσων υἱὸν αὐτὸς ἀπόλλυται; vgl. Nauck F. T. G. p. 803, Welcker, Griech. Trag. S. 1075.

V. Tydeus bei Antimachos und den Alexandrinern.

Antimachos erzählt in den vier ersten Büchern seiner Thebais die Vertreibung des Tydeus und Polyneikes aus ihrer Heimat und ihre Ankunft in Argos.

Wir hören nur von einem besonderen Zuge, nämlich dass er erzählt habe, Tydeus sei bei Schweinehirten aufgezogen worden [66]). Wahrscheinlich geht auch auf Antimachos zurück, was der Parömiograph Plutarch I, 5 weiter ausführt: Oineus vergewaltigte die Tochter des Hipponoos, Periboia. Als der Vater sie schwanger sah, übergab er sie mit dem unterdessen geborenen Sohne Tydeus Schweinehirten. Die Parömiographen Plutarch und nach ihm Makarios VIII, 63 leiteten davon das Sprichwort ab: Τυδεὺς ἐκ συρορρίου ἐπὶ ἀπαιδεύτου ἀξίωμα ἔχοντος.

Diese Version bildete sich vielleicht deshalb, um zu erklären, warum Tydeus zwar ein tüchtiger Kämpfer, aber kein hervorragender Redner war; vgl. II. Δ 400:

ἀλλὰ τὸν υἱόν

γείνατο εἶο χέρηα μάχῃ, ἀγορῇ δέ τ᾽ ἀμείνω und Euripides Supplices v. 932:

οὐκ ἐν λόγοις ἦν δεινός, ἀλλ᾽ ἐν ἀσπίδι.

Jedenfalls hat auch der durchgehende Zug, dass berühmte Helden ausgesetzt und von Hirten erzogen werden, eingewirkt. Dass es gerade Schweinehirten sind, lässt sich nach einer Vermutung Rohdes vielleicht damit in Zusammenhang bringen, dass Tydeus ein Eberfell trägt.

Theokrit erwähnt idyll. 24,130, natürlich nach Homer, dass Tydeus, nachdem er von Adrastos ein grosses Grundstück erhalten habe, in Argos wohne. Seine Gattin nennt er 17,54 Argeia, ohne dass wir wissen, ob er sie mit der

---

[66]) Theb. Frg. 18 (ed. Dübner-Lehrs) = schol. Il. Δ 400

Gattin des Polyneikes verwechselt oder einer von der gewöhnlichen abweichenden Version folgt.

Lykophron, Alex. 1066, spielt auf die grässliche That des Tydeus vor seinem Tode an.

VI. Tydeus bei römischen Dichtern.

1. Ribbeck vermutet, dass Accius in seinem Melanipp den Tod des Melanippos durch die Hand seines Bruders behandelt habe. Rohde dagegen glaubt, es sei bei Hygin. f. 69 statt fratrem: patris fratrem Melanippum zu schreiben, ähnlich wie wir bei Servius Aen. XI, 239 fratrem patris lesen, und Melanippos stehe statt des gewöhnlichen Melas. Ein bestimmtes griechisches Original lässt sich nicht nachweisen. Ebensowenig können wir mit Sicherheit feststellen, welches der Gang der dramatischen Handlung war[67]).

2. Ovid spielt auf die Vertreibung des Tydeus aus Calydon fast. I, 491 und epist. ex Ponto I, 379 an, auf das Verzehren des Gehirns des Melanippos: Ibis 430.

3. In augustischer Zeit dichteten mehrere Dichter eine Thebais, so Ponticus[68]), ohne dass wir etwas genaueres über dieselben wissen.

4. Valerius Flaccus macht den Tydeus zum Teilnehmer am Argonautenzug[69]).

5. Erhalten ist uns endlich die Thebais des Statius. Wie und aus welchen Gründen Statius den Gang des Krieges anders geordnet, darüber vergleiche Welcker[70]). An den Charakteren und Verhältnissen der Hauptpersonen hat er nichts geändert.

Tydeus verlässt Kalydon, weil er seinen Bruder aus Unvorsichtigkeit getötet hat[71]). Nass von einem Unwetter flüchtet er sich unter das Dach des Adrastos, wo sich schon

---

[67]) Ribbeck, Röm. Trag. S. 521—24; frg. scen. lat. p. 190 ff. — [68]) Properz I. 7. 1; I. 9. 9. — [69]) Arg. I. 387; III. 163. — [70]) Kl. Schrift. I. p. 347—401. — [71]) Theb. I. 401; II. 113. Also dieselbe Version wie bei Pherekydes.

ein Fremdling gelagert hat. Sie geraten in Kampf und
hätten zu den Schwertern gegriffen, wenn nicht Adrastos
durch das Geschrei geweckt, die Fremden beruhigt und in
den Palast geführt hätte [72]). Er sieht, dass Tydeus mit
einem Eberfell, Polyneikes mit einem Löwenfell bekleidet
ist. Er erkennt in ihnen die ihm von Apollon verheissenen
Schwiegersöhne [73]) und befiehlt, ein Mahl zu rüsten, zu dem
auch die Töchter gerufen werden. Am folgenden Tag wird
die Vermählung gefeiert [74]). Tydeus geht nach Theben
und fordert von Eteokles nach dem Vertrag die Herrschaft
für das nächste Jahr für Polyneikes [75]). Er wird abgewiesen;
ja Eteokles legt ihm in der Nacht einen Hinterhalt [76]).
Tydeus reisst ein Felsstück los und erschlägt alle, mit
Ausnahme des Maion. Die Waffen weiht er der Athena.

Wie er in Nemea zum Schutz der Hypsipyle dem
Lykurgos entgegentritt, haben wir oben S. 7 u. 8 gesehen.

Endlich sein Tod. Er dringt auf Eteokles ein, den
die Seinen in die Mitte nehmen, wird aber vom Speere
des Melanippos tödlich getroffen. In wilder Wut verlangt
er das Haupt desselben; Kapaneus reicht es ihm; er schlürft
das Gehirn (VIII, 673 ff.).

5. Zum Schluss möge noch das Lob angeführt werden,
das ihm in einem von C. Barth zu Stat. Theb. II, 365 mit-
geteilten Epigramm gespendet wird (Riese c. 936 = Poet.
lat. minores V, p. 421):

ut post commissas iunxerunt foedera dextras
constantis dederunt documenta frequenter amoris;
Thebanum nullo linquit discrimine Tydeus,
Tydea nullo unquam Polynices Marte relinquit.

---

[72]) II. 401; I. 395. 483. — [73]) II. 142. — [74]) II. 375. — [75]) II. 485.
— [76]) VI. 800.

Diomedes.

Verhältnis des Tydiden Diomedes zum Thraker.

Wir gehen bei Diomedes nicht von Homer aus, um aus ihm vielleicht Rückschlüsse für eine frühere Form der Sage zu gewinnen, sondern untersuchen zunächst das Verhältnis des Tydiden zum Thraker Diomedes, und ob die hierüber aufgestellten Hypothesen richtig sind.

Obwohl die Sage die beiden Personen mit Bewusstsein geschieden hat, so hat man doch ihre Identität behauptet und zwar in zweifacher Weise.

I. Studniczka[1]) und Wilamowitz[2]) nehmen an, der Thraker Diomedes sei kein anderer als der nach Thrakien versetzte argivische Held.

Studniczka sucht zuerst zu erweisen, dass sich gleiche Momente im Mythus der beiden erkennen liessen.

1. Beide haben mit Rossen zu thun. Bei Homer fallen in der Dolonie[3]) dem Tydiden die Pferde des Rhesos zu und in seiner Aristie[4]) die des Aineias, mit denen er in den Wettspielen zu Ehren des Patroklos siegt[5]). Studniczka fällt es auf, dass es beidemale nordische Helden sind, mit denen er kämpft, und will die geschichtliche Voraussetzung für diese Kämpfe an der makedonisch-thrakischen Küste suchen. Studniczka musste, wenn er auf diesen Punkt solches Gewicht legt, auch Il. E. 9—28 anführen. Hier erbeutet Diomedes das Gespann der beiden Brüder Phegeus und Idaios, der Söhne des Troers Dares, die bis jetzt noch niemand als nordische Helden gedeutet hat[6]). Auch in Italien bleibt Diomedes in Verbindung mit Rossen;

---

[1]) Kyrene p. 138. — [2]) Eurip. Herakles I. S. 303. — [3]) K 566. — [4]) E 323. — [5]) Ψ 499. — [6]) Vergl. auch E 159—65.

er gründet Argos hippion; bei den Venetern wird ihm ein weisses Pferd geopfert.

In der Sage des Thrakers stehen im Vordergrunde die menschenfressenden Rosse.

Dieses Zusammentreffen ist kaum auffallend. Es ist in der Ilias etwas ganz gewöhnliches, dass die Pferde eines besiegten Feindes erbeutet werden, so N 400 ff.; E 589. Wer es doch merkwürdig findet, dem genüge ein Hinweis darauf, dass sowohl die Heimat des Tydiden, Argos, als auch Thrakien durch ihre Rosse berühmt sind[7]).

2. Studniczka sieht in der Teilnahme des Diomedes an der Eroberung von Theben eine gewisse Parallele für die Feindschaft des Thrakers mit Herakles; dieser sei ja ein thebanischer Held, und es sei nicht zu bezweifeln, dass er von Böotien in die ätolischen Kolonien des Ostens übertragen worden sei. Wenn ich Studniczka recht verstehe, meint er die Sache so: Die Heraklessage wird durch die Böotier nach den ätolischen Kolonien gebracht; Herakles gilt also als Heros der Thebaner. Weil nun Diomedes schon im Mutterlande Feind Thebens war, so muss er auch jetzt Gegner des Repräsentanten der Thebaner, des Herakles, werden, und daraus ergiebt sich, als er nach Thrakien übersiedelt, die Feindschaft zwischen Diomedes und Herakles. Diese angebliche Parallele ist Düftelei.

Auf einen dritten Punkt kommen wir unten zurück.

Nachdem so Studniczka erwiesen zu haben glaubt, dass der Thraker Diomedes und der Tydide identisch seien, sucht er auch zu erklären, auf welche Weise der Tydide nach Thrakien übertragen worden sei. Zunächst komme er, wie die Ilias zeige, nach Kleinasien hinüber; die Gründer von Abdera stammten aus Kleinasien, und ihnen gälte er schon dort als Repräsentant feindlicher Stämme; deshalb machten sie ihn auch in Abdera zum

---

[7]) Vgl. Hehn, Kulturpflanzen S. 43.

Repräsentanten der ihnen feindlichen Bistonen; dagegen den Herakles sähen sie, wie schon an der ionischen Meeresküste, so auch in Thrakien als ihren Hort und Schutz an. Die Sage sei also eine Sage der in Abdera wohnenden Griechen, nicht der anwohnenden Barbaren.

Hierbei hat aber Studniczka die verschiedenen Versionen vom Thraker Diomedes nicht gesichtet und nicht gesehen, dass die ursprüngliche Form der Sage nicht um Abdera lokalisiert ist. Aber auch abgesehen davon hängt die ganze Argumentation Studniczkas in der Luft. Wie die Ilias zeige, sei er nach Kleinasien gekommen; die Ilias zeigt doch nur, dass er der Sage nach mit den übrigen griechischen Fürsten zur Belagerung Troias hinüberfuhr; dies ist doch etwas anderes, als dass sein Kult als Heros nach Kleinasien gedrungen sei.

Weitere Ausführungen giebt Studniczka S. 141: Abdera ist gegründet von Timesios aus Klazomenai [8]), das eine Kolonie von Kleonai und Phlius ist. Diese Kolonisten sollen den argivischen Diomedes mitgebracht haben. Wir wissen aber von einem Diomedeskult weder in Kleonai noch in Phlius noch in Klazomenai. Diese Urkolonie sei dann von Heraklesverehrern unterdrückt worden, und so sei das Verhältnis zwischen Herakles und Diomedes entstanden, welches später auf Abdera übertragen wurde. Doch solche Phantasien verdienen keine ernstliche Widerlegung.

Wilamowitz nimmt die Identität der beiden ohne weiteren Beweis an, sucht aber die Übertragung ganz anders als Studniczka zu erklären. Er hat richtig gesehen, dass die ursprüngliche Sage von den menschenfressenden Rossen gar nichts mit Abdera gemein habe, und glaubt vielmehr, die Thraker, welche die argivische Sage meine, am Kithairon und Helikon suchen zu dürfen. Ob hier jemals Thraker gewohnt haben, ist hier nicht der Ort zu

---

[*]) Die Belegstellen s. bei Studniczka a. a. O.

untersuchen. Die Dorer seien es nun, welche ihren Stammeshelden Herakles zum Feind des Diomedes machten und ihn seine Rosse gewinnen liessen, ähnlich wie sie den Freund des Sthenelos, dadurch dass sie ihn zum Vater des Eurystheus machten, dem Herakles entgegenstellten. Dass nun die Sage wirklich auf böotisch-thrakischem Gebiete entstanden sei, sucht Wilamowitz durch Hindeutung auf die Glaukossage zu erweisen. Dieser nähre seine Rosse zu Potniai ebenfalls mit Menschenfleisch[9]) und werde auch ein Thraker genannt[10]). Aber bei einer genaueren Betrachtung der Glaukossage ergiebt sich, dass die ursprüngliche Version die ist, dass die infolge des Zorns der Aphrodite wild gewordenen Rosse ihren Herrn zerreissen. Wenn wir dagegen in den angeführten Notizen lesen, Glaukos habe seine Rosse gewöhnt, Menschenfleisch zu fressen, und sei selbst schliesslich von ihnen gefressen worden, er sei ein Thraker, seine Rosse stammten von denen des Diomedes ab, so liegt es auf der Hand, dass späte Mythographen nach Analogie der Sage von den Rossen des Diomedes die Glaukossage umgestaltet haben. Der Beweis, dass Böotien das ursprüngliche Lokal unserer Sage ist, scheint mir also misslungen, und es ist Willkür zu behaupten, dass hier dorische Phantasie aus dem Tydiden den Thraker geschaffen habe.

 Überblicken wir das Ganze. Gemeinsamer Name zweier mythologischen Gestalten kann auf Identität hindeuten. Hier lässt sich diese nicht erweisen; dass beide mit Rossen zu thun haben, genügt hierfür nicht. Die Erklärungen von Studniczka und Wilamowitz, wie der Tydide nach Thrakien gekommen, beruhen auf falscher Grundlage. Überhaupt verkennen sie, indem sie die Feindschaft des Diomedes und des Herakles so sehr pressen, den ganzen Charakter des Märchens.

---

[9]) Prob. zu Verg. Georg. III. 267. — [10]) Schol. Eurip. Phön. 1124.

Einen andern Weg hatte schon Welcker[11]) eingeschlagen. Er vermutet, der Name eines Gottes Diomedes sei mit dem des argivischen Helden vermischt worden. Das Gedächtnis des Gottes habe sich in der Sage vom Thraker Diomedes erhalten. Die Besiegung der menschenfressenden Rosse bedeute nämlich die Abschaffung von Menschenopfern, die dem Gotte einst dargebracht worden seien. Die Erinnerung an die ehemals göttliche Natur des Diomedes erkläre es auch, warum die Dichtung den argivischen Helden zum Gott erhebe, und warum er in Argos zusammen mit Athena göttliche Verehrung geniesse. Beim Feste der Waschung des Palladiums nämlich, hören wir bei Kallimachos, Pall. lav. v. 35, wurde ein Schild des Diomedes herumgetragen, und der Scholiast zu v. 1 setzt hinzu, ausser dem Bild der Athena sei auch der Schild[12]) des Diomedes im Inachos gewaschen worden, was nach Welcker ein Zeichen göttlicher Verehrung ist.

Ähnlich meint Ottfried Müller[13]), Diomedes sei ursprünglich der Name eines mit der Athena verbundenen Gottes, eines ähnlichen Wesens wie der mit der Aglauros verbundene Ares.

Der Kult des Diomedes ist endlich mit der der Athena und Agraulos im kyprischen Salamis verbunden, wo ihm Menschenopfer dargebracht wurden[14]). Diomedes vertritt hier nach Voigt[15]) die Stelle des Ares. Ausserdem ist der Thraker Diomedes der Sohn des Ares. Daraus schliesst Voigt auf einen Gott Diomedes, ein dem Ares ähnliches Wesen, dem Menschenopfer dargebracht wurden, und von dessen Kult sich Niederschläge in den Sagen vom Thraker und vom Tydiden Diomedes erhalten haben.

Indes alle diese Annahmen lassen sich der Reihe

---

[11]) S. Böckh zu Pindar Nem. Od. X. v. 12. — [12]) ἄγαλμα τῆς Ἀθηνᾶς καὶ τὸ Διομήδους, wo Meincke mit Recht σάκος hinzufügt. — [13]) Kleine Schriften II. S. 169/70. — [14]) Porphyr. de abstin. II. 54. — [15]) Leipziger Studien IV. S. 258.

nach widerlegen. Es ist kaum glaublich, dass die Sage von den menschenfressenden Rossen, die in ihrer ursprünglichen Form ein Märchen ist, mythologische Grundlage habe.

Die Verehrung des Diomedes in Argos ist nicht die eines Gottes, sondern die eines argivischen Stammesheros und setzt ehemals göttliche Natur nicht voraus.

Die Menschenopfer, die dem Diomedes in Salamis dargebracht wurden, beweisen höchstens, dass er später, wie manche Heroen, zum Gott erhoben wurde; aber sie können auch dem Heros Diomedes und seiner Schutzgöttin Athena dargebracht worden sein.

Ja selbst wenn sich die ehemalig göttliche Natur des Tydiden beweisen liesse, wie sie sich nicht beweisen lässt, so würde daraus noch nicht seine Identität mit dem Thraker folgen. Denn dass der Tydide die Stelle des Ares vertritt oder Ares selbst ist, ist eine unerwiesene Behauptung Müllers und Voigts; und wenn andererseits der Thraker zum Sohn des Ares gemacht wird, so ergiebt sich daraus nichts für sein Wesen, da dieser Zug wohl kaum der ursprünglichen Sage angehört, und Ares überhaupt oft als Vater nordischer Barbaren auftritt [16]).

Es will also auch auf diesem Wege nicht gelingen, einen Zusammenhang der beiden Gestalten nachzuweisen.

[16]) S. Studniczka, Kyrene S. 140.

Der Thraker Diomedes.

Das Holen der Rosse des Diomedes gehört zu den Thaten des Herakles und wird erst in Zusammenhang mit diesen endgiltig behandelt werden können. Hier möge es genügen, die überlieferten Versionen in Gruppen zu scheiden.

Die ursprüngliche Form der Sage scheint mir Diodor[1]) bewahrt zu haben. Dem Herakles wird aufgetragen, die Rosse des Diomedes zu holen. Diese hatten eherne Krippen und waren mit eisernen Banden angeschmiedet. Als Nahrung empfingen sie die Glieder unglücklicher Fremden. Herakles wirft ihnen den Diomedes selbst vor und macht sie so gehorsam. Darauf führt er sie zu Eurystheus, der sie der Hera weiht; ihre Nachkommenschaft existiert bis zur Zeit Alexanders des Grossen.

Diese Gestalt der Sage trägt einen märchenhaften Charakter. Sie haftet nicht an einem bestimmten Lokal, sondern verlegt die Geschichte in den hohen Norden zu den Thrakern. Ihr Hauptinhalt ist, dass der Bösewicht Diomedes dafür, dass er seine Rosse παρανομεῖν gelehrt hat, bestraft wird, und zwar indem er dasselbe erleidet, was er sonst den Fremden anthut, wie es in diesen Märchen, so in dem von Antaios u. a., so gern geschieht. Märchenhaft werden auch die Rosse selbst geschildert; sie fressen Menschenfleisch; sie sind so wild, dass sie eherne Krippen haben und mit eisernen Banden angeschmiedet sein müssen.

Dass diese Auffassung richtig ist, scheint mir der amykläische Thron zu bestätigen, wo Herakles dargestellt war τιμωρούμενος τὸν Θρᾷκα[2]).

---

[1]) 4, 15, 3. — [2]) Paus. III. 18. 12. Ähnlich scheint auf einer Gemme (Cades 3 A 158) ein toter Mann vier wilden Pferden auf die eherne Krippe als Futter vorgeworfen; vgl. Furtwängler bei Roscher S. 2202.

Diese märchenhaften Züge sind ganz in der zweiten
Version verschwunden, wie sie uns bei Euripides[3]) entgegentritt. Die Geschichte spielt nicht mehr im unbestimmten Norden, sondern Diomedes ist König einer bestimmten thrakischen Völkerschaft, der Bistonen. Mit Recht
nimmt wohl Wilamowitz[4]) an, dass Diomedes zum König
der Bistonen gemacht worden sei erst nach der Verbindung
des Abenteuers mit der Gründung von Abdera. Diese
Verbindung besteht schon bei Hellanikos[5]), worauf sich
vielleicht Euripides stützt. Dagegen lässt er im Hercul.
fur. v. 382 den Herakles bis in das Hebrosgebiet ziehen
und zwar, wie Wilamowitz[6]) meint, deshalb, weil die Bistonen, unterdessen zivilisiert, in den Bereich der attischen
Macht gefallen sind. Dies lässt sich nicht mit Sicherheit
behaupten.

Die Hauptsache, auf die es in dieser Version ankommt, ist nicht mehr die Bestrafung des Übelthäters,
sondern der Besitz der Rosse. Wie wir aus dem Gespräche
des Herakles mit dem Chor erfahren, wird er mit den
Bistonen einen Kampf um die Rosse bestehen müssen; in
diesem wird er den Diomedes töten, dann die Rosse bändigen und dem Eurystheus zuführen.

Dieselbe Form, nur erweitert, finden wir auch bei
den übrigen Zeugen.

Apollodor[7]) erzählt: Eurystheus legt dem Herakles
als achte Arbeit auf, die Rosse des Diomedes nach Mykenai
zu schaffen. Dieser, der Sohn des Ares und der Kyrene,
hatte nämlich menschenfressende Rosse. Herakles fuhr mit
Freiwilligen hin; darunter war auch Abderos, der Sohn
des Hermes, der Geliebte des Herakles, aus dem opuntischen Lokris. Herakles bezwang die Rosse an den
Krippen und führte sie ans Meer hinab. Die Bistonen

---

[3]) Alc. 65, 493, 1022; Hercul. fur. 385 ff. — [4]) Euripides
Herakles I. S. 303. — [5]) Stephanos Byz. s. v. Ἄβδηρα. — [6]) Eurip.
Herakles II. S. 127. — [7]) II, 5. 8.

greifen zu den Waffen. Er giebt die Rosse dem Abderos zu halten, der von ihnen zerfleischt wird. Er selbst tötet den Diomedes und treibt die Bistonen in die Flucht. Am Grabe des umgekommenen Abderos gründet er die Stadt Abdera. Die Rosse bringt er dem Eurystheus; dieser lässt sie frei; sie gehen auf den Olymposberg [5]) und werden dort von wilden Tieren zerrissen.

In dieser ausführlichen Erzählung tritt das Treiben des Diomedes und seiner Rosse ganz zurück. Im Vordergrund steht der Zug des Herakles. Nicht allein kommt er nach Thrakien, sondern begleitet von einer Schar Freiwilliger. Aus der Bestrafung des Bösewichts ist eine kriegerische Unternehmung geworden. Hinzugefügt ist die Person des Abderos, natürlich in ätiologischem Interesse, um die Gründung der Stadt Abdera zu erklären. Zweifelhaft bleibt, ob dieser Zug, den schon Hellanikos kannte, wie wir gesehen, Lokalsage von Abdera oder Erfindung eines Dichters oder Schreibers eines κτίσις ist. Endlich wird auch das Schicksal, d. h. der Untergang der Rosse, erzählt, was der Geschichte einen gewissen Abschluss giebt. Wir dürfen vielleicht annehmen, dass dies einem Dichter verdankt wird. Auch die Ausschmückung des Unternehmens durch Aufzählung der Teilnehmer mag auf einen Dichter zurückgeführt werden. Vielleicht war es ein alexandrinischer Dichter, der die Lokalsage von der Gründung Abderas auf diese Weise behandelt hat.

Auf dieselbe Version gründet sich die Erzählung Strabos [9]). Er fügt hinzu: Herakles, erst im Reitertreffen geschlagen, siegt dadurch, dass er das Ufer durchgräbt und das Land durch das Meer überfluten lässt.

Sein geographisches Interesse tritt hervor in der Be-

---

[5]) Duhn vermutet, unter Olympos sei ein im Altertum Olympos, jetzt Olympochoria genannter Teil des Parnon zu verstehen. —
[9]) VII. Frg. 44 u. 47.

merkung, dass in der Nähe von Abdera die Residenz des Diomedes gezeigt werde.

Diese heisst bei Aelian [10]) und Plinius [11]) Tirida.

Auch der Geograph Skymnos v. 657 ff. streift die Sage, nennt aber den Abderos selbst den Gründer von Abdera.

Bei Hygin [12]) wird Abderos nicht von den Rossen zerrissen, sondern hilft dem Herakles sie töten [13]). Nach Pomponius Mela [14]) und Solin [15]) wird die Stadt Abdera von der Schwester des Herakles, Abdera, gegründet.

Servius [16]) sagt, die Rosse des Rhesos, die später in den Besitz des Diomedes kommen, seien Abkömmlinge jener thrakischen Pferde.

Nach Gavius Bassus [17]) werden die Rosse nach Argos gebracht, und von ihnen soll das Pferd des Seius abstammen.

Wenn Diodor berichtet, dass sich die Pferde bis zur Zeit Alexanders des Grossen fortgepflanzt hätten, so können wir daraus schliessen, dass sein Autor zur Zeit Alexanders des Grossen geschrieben hat (Rohde).

Erwähnen wir endlich die rationalistischen Ausdeutungen der Geschichte.

1. Palaiphatos [18]) legt die Sage so aus: Während die Menschen das Land bebauten und so reich waren, pflegte jener Rosse, bis sein Geld aufgezehrt war, und deshalb nannten seine Freunde jene Rosse ἀνδροφάγοι.

Übrigens sagt derselbe Palaiphatos [19]) bei Gelegenheit der Geschichte des Adrastos und der Alkestis: Herakles kam, die Rosse des Diomedes mit sich führend.

---

[10]) V H XV. 25. — [11]) N H IV. 42. — [12]) f. 30. — [13]) Ihre Namen sind: Podargus, Lampon, Xanthus, Dinus. Die Namen der drei ersten stimmen mit den Il. Θ 185 genannten der Pferde des Hektor überein. Der des vierten wird ebendaher stammen. Vielleicht ist ΔΙΝΟΣ aus ΑΙΘΩΝ verschrieben (Rohde). — [14]) 2, 29. — [15]) X. 9. 10. — [16]) Ad Aen. 752. — [17]) bei Gellius III. 9. 2. — [18]) Westermann, Mythogr. 274. 10. — [19]) a. a. O. 304. 16.

2. Eine andere allegorische Deutung, die das Sprichwort Διομήδειος ἀνάγκη erklären will, stammt von dem Peripatetiker Klearchos[20]). Unter den Pferden des Diomedes seien seine Töchter, schlechte Weiber, zu verstehen. Er habe die Fremden gezwungen, sich mit diesen zu vereinigen, bis sie zu Grunde gingen, oder er habe sie dann getötet. Fragen wir, wie Klearchos zu dieser wunderlichen Auslegung kommt, so giebt uns eine Stelle des Aristophanes, Eccles. 1029 (Bergk), überraschenden Aufschluss. Ein altes Weib will einen Jüngling vergewaltigen.

NEA. τί δῆτα χρή δρᾶν; ΓΡ· δεῦρ' ἀκολουθεῖν ὡς ἐμέ.
NEA. καὶ ταῦτ' ἀνάγκη μοὐστί; ΓΡ. Διομήδειά γε.

Dieses Sprichwort wurde offenbar von solchen gebraucht, die andern Zwang antbaten, ohne dass man wusste, woher es stammte. Um seine Entstehung zu erklären, hat Klearchos nach jener Scene des Aristophanes die Sage von den Rossen des Diomedes gedeutet[21]).

Die Anspielungen in der Litteratur auf die Rosse des Diomedes sind sehr zahlreich[22]).

Auf Kunstwerken wurde die Bändigung der Rosse des Diomedes zusammen mit den übrigen Heraklesthaten oft dargestellt. Ich erwähne nur die älteren: 1. die schon berührte Darstellung am amykläischen Thron, 2. die Metope des Zeustempels in Olympia: Paus. 5. 10. 9; vgl. Bötticher, Olympia ^{2} p. 292. 3. Metope des „Theseion" in Athen (Monum. dell' inst. X Taf. 58, 5). 4. Giebelfeld des thebanischen Herakleions, ein Werk des Praxiteles: Paus. IX 11. 6 vgl. Brunn K. G. I ^{2} 240. 5. Werk des Lysippos in Alyzia: Strabo X. p. 459; vgl. Brunn K. G. I ^{2} 255.

---

[20]) Suidas p. 1386 = Apostol. VI, 15; Hesych s. v.; Eustath. 822, 17. — [21]) So auch Klein, Mitteilungen aus Östreich (1879) III. S. 39. — [22]) Pindar Frg. 816; Lukrez V. 29; Ovid, Heroid. IX. 67. Ibis 379, 399. Silius Ital. 3, 38; 13, 440; Seneca, Hercul. fur. 1176, Herc. Oet. 20, 1544, 1794; Agamemnon 893 u. a.

Von Vasenbildern bezieht Heydemann, fraglich, ob mit Recht, Neapler Vasensammlung n. 2506 anf unseren Gegenstand. Hinter zwei Pferden steht ein nackter Mann mit einer Löwenhaut, in der Linken Bogen und Pfeile tragend; er wendet das Haupt um und schwingt die Keule gegen einen fliehenden Jüngling.

Die erhaltenen Darstellungen sind von keinem Wert für die Entwicklung des Mythos. Ich übergehe sie daher und verweise auf Zoega, li bassirilievi a. d. Roma p. 62, 63, bes. Anm. 62, Matz-Duhn II. 2877 u. a., Furtwängler bei Roscher S. 2202 ff.

Der Tydide Diomedes.

I. Bei Homer.

1. In der Ilias.

a. Wenn auch der Vater des Diomedes, Tydeus, aus Ätolien stammt, so ist doch festzuhalten, dass bei Homer Diomedes durchaus als argivischer Held erscheint.

b. Er ist vermählt mit der Tochter des Adrastos, der Aigialeia[1]). Wir haben also hier eine Parallele zur Tydeussage, welcher für Homer ebenfalls als Eidam des Adrastos vorausgesetzt werden muss. Dass jemand seine Tante zur Frau hat, ist bei Homer nichts ungewöhnliches; auch Iphidamas ist mit seiner Tante vermählt[2]).

c. Diomedes nimmt mit seinem Gefährten Sthenelos am zweiten Zug gegen Theben teil; sie erobern Theben, obwohl ihr Heer kleiner ist als das ihrer Väter, gehorchend den Zeichen der Götter und mit Hilfe des Zeus[3]).

Einzelne Episoden erwähnt Homer aus dem Kriege nicht, obwohl er dazu Gelegenheit hätte, und daraus schliesst Nitzsch[4]) mit Recht, dass der Epigonenzug vor Homer nicht dichterisch ausgebildet gewesen sei.

d. Am Zuge gegen Troia nimmt Diomedes teil[5]) mit seinen Gefährten (θεράποντες) Sthenelos und Euryalos[6]). Nach dem Schiffskatalog[7]) sind diese beiden Unterkönige; als oberster Herrscher erscheint Diomedes; zu seinem Reiche

---

[1]) E 412. — [2]) A 236. — [3]) Δ 404 ff. Auf Δ 405 spielt an Horaz c. I, 15, 28 und Philostrat, ἡρωικ. II. 168 (Kayser). — [4]) Epische Poesie der Griechen p. 182. — [5]) Wegen dieser Teilnahme am troischen Krieg wurde er später zum Freier der Helena gemacht: Hygin f. 81; Apollodor 3, 15, 8. — [6]) Δ 367; E 111, 241, 835; J 48; Τ 510; Z 20—28; Θ 114. — [7]) B 559 ff.

gehören Argos, Tiryns, Hermione, Asine, Troizen, Eiones, Epidauros, Aigina, Mases. Achtzig Schiffe folgen ihm [8]).

Überblicken wir seine Thaten und seine Stellung unter den griechischen Helden, so sehen wir es oft genug ausgesprochen, dass er an Tapferkeit, Ansehen und Einsicht zu den ersten gehört. Seine Schutzgöttin, die ihm immer zur Seite steht, ist Athena [9]).

Er erbietet sich unter den ersten, mit Hektor zu kämpfen, und dass sein Los herauskomme, betet das Volk [10]).

Den Höhepunkt erreicht seine Tapferkeit am ersten Schlachttag (Δ und E). Sie tritt noch mehr hervor gegenüber dem Tadel des Agamemnon, der ihn bei Beginn des Kampfes, um ihn anzufeuern, feiger Zurückhaltung bezichtigt. Wütend stürzt er sich auf die Troer. Athena nimmt das Dunkel von seinen Augen, damit er Menschen und Götter unterscheiden könne, und warnt ihn, einen Gott ausser Aphrodite anzugreifen. Aineias und Pandaros fahren auf ihn zu; er tritt ihnen zu Fuss entgegen, zerschmettert dem Aineias den Schenkel und erbeutet seinen Wagen. Aphrodite hüllt den verwundeten Sohn in eine Wolke; doch auch sie wird von Diomedes angegriffen und getroffen; sie entweicht in den Olymp [11]). An ihre Stelle

---

[8]) Nach Hygin f. 97 hat Diomedes selbst 80, Euryalos und Sthenelos je 25 Schiffe. — [9]) Ope Palladis Tydiden superis parem: Horaz c. I, 6, 16. — [10]) H 163, 179; worauf Ascon. ad Gratian. XIII, 59 anspielt. Nach Homer schuf wohl Onatas seine Gruppe von Statuen der Helden, die sich erboten, gegen Hektor zu kämpfen; sie war ein Weihgeschenk der Achäer in Olympia: Paus. V. 25, 8—10; vgl. Brunn K. G. I.² p. 66. — [11]) Nach Homer schildert die Aristie Tzetzes, Homer. 63 ff. Theokrit id. 1, 112, Ovid. ep. e. P. II. 2, 13 und Dracont. IX. 73 spielen auf die Verwundung der Aphrodite an; vgl. auch S. 66. Der Zweikampf des Aineias und Diomedes bei Homer war ein beliebter Vorwurf für bildende Künstler:

a. Auf einem korinthischen Pinax: Furtwängler, B. V. n 764, abgeb. Ant. Denkmäler I, Taf. 7, 15, wendet sich Athena auf einem Zweigespann, die Zügel haltend, zu Diomedes, der mit der Lanze ausfällt. Der Kampf scheint um den gefallenen Pandaros zu gehen,

tritt Apollon, welcher den dreimal anstürmenden Diomedes durch drohenden Zuruf zum Weichen bringt. Unterdessen rast unter den Griechen Ares; selbst gegen diesen befiehlt jetzt Athena ihrem Günstling den Kampf zu beginnen. An Stelle des Sthenelos besteigt sie den Wagen, und mit ihrer Hilfe verwundet er ihn in die Weichen, so dass er laut brüllend das Schlachtfeld verlässt.

Nitzsch[20]) meint, in vorhomerischen Liedern seien vielleicht diese beiden Aristien, der Kampf gegen Aineias und Aphrodite und der gegen Ares, getrennt behandelt gewesen. Jedenfalls aber sei der eigentümlich mittelbare Kampf der achäischen Kriegsgöttin gegen den troischen Gott älter. Dies lassen wir dahingestellt.

Als das Morden des Diomedes immer furchtbarer wird, geht Hektor auf den Rat des Helenos in die Stadt und fordert die Troerinnen auf, zu Athena zu beten, sie solle den Tydiden von den Mauern fernhalten, der noch

von dem noch Spuren vorhanden sind; hinter den Pferden scheint Sthenelos gestanden zu haben; vor ihnen kniet Teukros; vgl. Schneider, der troische Sagenkreis in der ältesten griechischen Kunst S. 183.

b. Eine ähnliche Scene scheint dargestellt auf einer archaischen Vase: Diomedes dringt auf Aineias ein, den Aphrodite schützt: abg. Gerhard, Auserles Vasenb. 194; vgl. Jahn, Arch. Beitr. S. 349.

c. Diomedes und Aineias im Zweikampf auf der Basis des Weihgeschenks der Bewohner von Apollonia in Jonien: ein Werk des Lysippos, Schülers des Myron: Paus. V, 22, 3; vgl. Brunn K. G. I² S. 181.

d. Dieselbe Scene ist auf einer rotfigurigen Vase erhalten, abg. Journal of Philology 1877 t. B.: Diomedes stürmt auf den hinsinkenden Aineias ein, den Aphrodite in ihren Armen hält und davonzuführen sucht. Darnach dürfen wir wohl auch auf a. Aineias und Aphrodite ergänzen und, dem Teukros entsprechend, einen Bogenschützen, etwa Alexandros, ganz rechts.

e. Auf der tabula Iliaca führt Diomedes über Panḍaros' Leiche hinweg einen Stoss gegen das Gewand der Aphrodite, welches die Gestalt des Aineias umschliesst.

[20]) Ep. P. d. Gr. S. 389.

schrecklicher als Achilleus rase. Unterdessen tauscht dieser mit Glaukos die Waffen [21]).

Am zweiten Kampftage, an dem die Achäer die erste Niederlage erleiden, zeichnet sich Diomedes noch einmal glänzend aus. Vor dem Ansturm des Hektor rettet er den Nestor, dessen Rosse in Verwirrung geraten sind, lässt dessen Wagen wegführen und ihn seinen eigenen Wagen als Lenker besteigen und fährt dem Hektor entgegen. Nur dreimaliger Blitzschlag des Zeus und die rührende Warnung des Nestor bestimmen ihn zum Rückzug [22]).

In der Not der Achäer tritt Diomedes wegen seiner Verwundung weniger hervor. Als die Troer nämlich gegen die Lagermauer vordringen, stellen sich ihnen Diomedes und Odysseus als Waffengefährten, wie sie uns noch oft begegnen werden, entgegen [23]). Diomedes betäubt den Hektor durch einen Lanzenwurf, wird aber durch einen Pfeil des Paris verwundet [24]). Odysseus stellt sich schützend vor ihn, so dass er sich zu den Schiffen zurückziehen kann.

[21]) Dies ist dargestellt auf einer attischen Lekythos: Overbeck H. G. XVI. 13 und Stackelberg, Gräber der Hellenen XI, 1: Zwei Helden stehen einander gegenüber, so dass ihre mit Lanzen bewehrten Hände sich kreuzen. Dadurch wird wohl ein gegenseitiges Darreichen der Waffen ausgedrückt. Auch die Schilde scheinen gewechselt zu werden; der links Stehende hat den seinen vor sich auf den Boden gestellt. Zu beiden Seiten je ein phrygischer Bogenschütze, wegeilend. Auf unsere Scene deuten die Darstellung mit Recht Overbeck H.G. S. 397 und Schneider, der tr. Sag. S. 17, gegen Brunn, Troische Miscellen S. 89. Dieselbe Scene findet sich auf zwei Gemmen: Overbeck H. G. taf. XVI. 6 und 7. — [22]) Θ 91 ff.; vgl. Tzetzes Homer. 176 ff. Die Scene Il. Θ 167 ff., wo der Tydide überlegt, ob er zurückweichen oder dem Hektor entgegentreten solle, glaubte Jahn, Arch. Beitr. S. 393—401 auf einem in Herculaneum gefundenen Marmormonochrom, abg. annali XVI. tav. E, illustriert. Doch kann dasselbe auf keinen bestimmten mythischen Vorgang bezogen werden; vgl. Helbig, Wandgemälde n. 1405 b. — [23]) Λ 311 ff. — [24]) Vgl. Tzetzes Homer. 197.

Bei der Leichenfeier des Patroklos siegt er mit den Rossen des Aineias im Wagenrennen [25]).

Dieselbe Unerschrockenheit und Energie beweist er auch im Rat, selbst dem Heerführer Agamemnon gegenüber.

Als die Troer Frieden schliessen wollen, unter der Bedingung, dass die geraubten Schätze, nicht aber die Helena, ausgeliefert würden, da weist er diesen Vorschlag entschieden zurück. Das Verderben Troias sei ja sicher [26]).

Nach der ersten Niederlage macht Agamemnon den Vorschlag, nach Hause zu segeln; aber Diomedes tritt ihm energisch entgegen. Wenn er fort wolle, solle er gehen; die übrigen Griechen würden bleiben. Ja wenn auch diese Troia verliessen, wolle er die Stadt allein mit Sthenelos erobern [27]).

Diese Worte verraten ein hohes Selbstgefühl, das sich auch darin zeigt, dass er bedauert, dass man Achilleus angefleht und so seinen Trotz vermehrt habe [28]).

Als der Kampf schon um die Schiffe tobt, da tritt Agamemnon wieder mit jenen feigen Vorschlägen hervor, und wieder ist es Diomedes, der von Flucht nichts wissen will; auch die Verwundeten sollen kämpfen und so in den übrigen Kampfesmut erwecken [29]).

---

[25]) Ψ 500 ff.; vgl. Ansonius, Perioch. in Il. et Od. XXIII. Das Wettrennen ist dargestellt auf der Vase des Klitias und Ergotimos (Françoisvase), abg. Monumenti dell' Inst. IV. 54—59 und Benndorf, Wiener Vorlegeblätter 1888 Taf. II—IV; vgl. Klein, Vasen mit Meistersignaturen S. 37 und Schneider, der tr. Sagenkreis etc. S. 45—47. Richtig urteilt Schneider: Die Scene lehnt sich an die Ilias an. Dem Maler war noch im Gedächtnis, dass Achilleus das Wagenrennen gab, ebenso der Name des Siegers, Diomedes. Die übrigen Namen nahm er beliebig aus der Ilias oder schuf sie frei: Automedon, Damasipp, Hippotho(med)on. In Bezug auf die Art der Darstellung übernahm er das schon ausgebildete Schema für Wagenrennen. — [26]) H 400. — [27]) J 48. — [28]) J 696; vgl. Philostrat II. 170. — [29]) Ξ 82 ff.

Die Dolonie

ist, wie allgemein angenommen wird, ein später hinzugedichtetes Stück. Sie prägt die Waffenbrüderschaft zwischen Diomedes und Odysseus, die wir in Λ kennen gelernt, noch deutlicher aus. Während alle bei der Aufforderung des Nestor verstummen, erbietet sich Diomedes, in der Nacht als Kundschafter ins troische Lager zu gehen, und wählt den Odysseus als Gefährten:

Εἰ μὲν δὴ ἕταρόν γε κελεύετέ μ' αὐτὸν ἑλέσθαι [30],
πῶς ἂν ἔπειτ' Ὀδυσῆος ἐγὼ θείοιο λαθοίμην;

Auch von den Troern war ein Späher ausgesandt worden, Dolon, bewaffnet mit dem Bogen, bekleidet mit einem Wolfsfell, auf dem Kopfe eine Sturmhaube aus Wieselfell. Sie stossen auf ihn, lassen ihn an sich vorübergehen und verfolgen ihn dann gegen die Schiffe hin. Endlich bringt ihn Diomedes durch einen absichtlichen Fehlwurf mit der Lanze zum Stehen; sie packen ihn an beiden Händen, und Diomedes stösst ihm das Schwert in den Nacken, nachdem Odysseus ihn ausgeforscht und erfahren hat, dass Rhesos mit göttlichen Rossen unter seinen Thrakern fern von den Troern ohne Wache lagere [31]. Zu den

---

[30]) Auf die folgenden Verse spielt Strabo I. p. 17 an. —
[31]) Diomedes, Odysseus und Dolon finden sich auf zahlreichen Bildwerken, von denen die meisten Schreiber, annali 1875 p. 299 ff. behandelt hat. a. Die ältesten Darstellungen, die ziemlich sich gleichen, finden sich nach der richtigen Deutung Winters und Studniczkas (Jahrbuch d. arch. Inst. V. S. 142 ff.) auf einer candelorischen Amphora in München (Jahn MV no. 583; abg. Lau, griech. Vasen Taf. 10, 7—7 d, Taf. 11, 4. 4 a) und einem Thonsarkophag aus Klazomenai (Antike Denkm. I. T. 44). Dolon, bekleidet mit dem Wolfsfell, auf dem Kopfe nach der Beschreibung und Deutung Studniczkas eine helmartige Kappe, an den Füssen Flügelschuhe, in Knielaufschema, wird von Odysseus und Diomedes festgehalten, und streckt flehend zu ihnen die Hände empor. Was Studniczka a. a. O. über eine angebliche Umgestaltung der Dolonsage durch Hipponax und die Einwirkung hiervon auf den klazomenischen Sarkophag sagt, ist

Thrakern gekommen, mordet Diomedes den Rhesos und zwölf Gefährten, während Odysseus die Rosse vom Wagen losbindet. Auf die Mahnung der Athena steht Diomedes von weiterem Morden ab und reitet zusammen mit den Genossen auf den Pferden des Rhesos zu den Schiffen. Die Rosse fallen dem Diomedes zu, die Waffen dem Odysseus [32]).

reine Phantasie. b. Eine archaische Vase (Inghirami gall. Omeric. af. 105) zeigt zwei Griechen, wohl Odysseus und Diomedes, an denen Dolon, bekleidet mit einem Wolfsfell, auf dem Kopf die Haube aus Wieselfell, vorüberschleicht. c. Auf einer rotfigurigen Vase Vasensammlung der kaiserl. Ermitage zu Petersburg no. 879; annali 1875 tav. Q) Dolon von zwei Griechen, die nicht näher charakterisiert sind, von rechts und links angegriffen. Die andere Seite der Vase (tav. R. 1) stellt einen etwas späteren Moment dar. Dolon ist schon ins Knie gesunken; Diomedes packt ihn mit der Linken an der Schulter und zückt mit der Rechten das Schwert. Dolon streckt die Hand flehend aus, nicht, wie in der Ilias, zu Diomedes, sondern zu Odysseus. Dies hat der Künstler natürlich deswegen so gemacht, um den Odysseus in die Handlung zu verflechten und so eine einheitliche Komposition zu stande zu bringen; sicher wollte er nicht, wie Schreiber meint, mittels dieses feinen Zuges andeuten, dass es Nacht sei, da in der Nacht Dolon den Diomedes nicht sehe. d. Dieselbe Situation wird wohl die sehr fragmentiert erhaltene Euphroniosvase gezeigt haben. Zugegen sind auch Athena und Hermes: Monumenti dell' inst. II. tav. 10; vgl. Robert, Archäol. Zeitung 40 (1882) p. 47 ff. und Klein, Euphronios² S. 136 ff. e. Dolon, von Diomedes und Odysseus ergriffen, auch auf einer Neapler rotfigurigen Vase: Heydemann, Neapler Vasensammlung S A. 20 B. f. Mit Unrecht erkennt die Scene Overbeck in dem Innenbild einer rotfigurigen Vase, abg. H.G. T. XVII. 3. g. Ebensowenig sind die auf einer rotfigurigen Vase (Archäol. Zeitung 1877 Taf. 5) nach rechts schleichenden Krieger Diomedes und Odysseus auf dem Spähergang. h. Ein hellenistisches Relief (Schreiber, Hellenist. Reliefs, Leipzig 1890, taf. 45, vgl. Matz-Duhn n. 3737) zeigt uns, wie Diomedes und Odysseus hinter der Tamariske den aus der Ferne heranschleichenden Dolon bemerken. Diomedes ist nackt; nur die Chlamys hängt ihm über den linken Arm. i. Endlich stellen einige Gemmen den Tod des Dolon dar: Overbeck H. G. t. XVI. 19; Inghirami gall. Omer· tav. 107; annali 1875 tav. Q. 3. 4. u. a. — [32]) Auf den Tod des Rhesos spielt an Claudian ad Ruf. 28, 479; Appian, Μιθραδάτ. 1;

2. Diomedes in der Odyssee.

δ 280 befindet sich Diomedes im hölzernen Rosse. Er und Menelaos wollen der Helena, die sie mit den Stimmen ihrer Frauen anruft, antworten; aber Odysseus hält sie zurück; vgl. Coluthos, exc. Il. 157, Tzetzes Posthom. 643.

γ 180 hören wir von seiner Heimkehr. Die Griechen fahren bis Tenedos. Dort erregt Zeus Streit unter ihnen; Nestor, Menelaos und Diomedes fahren ab, während die übrigen bei Agamemnon und Odysseus zurückbleiben. Sie fahren übers Meer nach Geraistos, wo sie dem Poseidon ein Opfer darbringen. Am vierten Tage ist Diomedes in Argos.

3. Diomedes in vorhomerischen Gedichten.

Eine von Homer erfundene Figur ist Diomedes nicht. Die vorhomerische Sage kannte ihn als Teilnehmer am Epigonenzug; auch vor Troia wird sie ihn als einen der bedeutendsten Helden haben hervortreten lassen; aber keines seiner Erlebnisse bei Homer ist derart, dass wir eine dichterische Behandlung seiner Thaten vor Homer voraussetzen müssen.

4. Diomedes auf Darstellungen, die auf homerischen Reminiszenzen beruhen.

a. Diomedes und Hektor im Zweikampf auf einer rotfigurigen Amphora des 5. Jahrh. Gerhard, Auserles. V. 192.

---

vgl. auch Tzetzes, Homer. 189. Von bildlichen Darstellungen lässt sich nur eine Vase aus Ruvo: Heydemann, Vasens. 2910, abg. Overbeck H. G. T. XVII. 5 auf die Ermordung des Rhesos zurückführen. Odysseus bringt die Rosse weg; Diomedes folgt ihm; rings herum liegt eine Reihe getöteter Thraker. Studniczka, Jahrbuch 1890, S. 146, möchte in der auf der candelorischen Amphora (vgl. S. 37 A. 31) dargestellten Scene den Moment erkennen, wo Diomedes, von der Tötung des Rhesos zurückgekehrt, sich im Zelt an einem Trunke laben will, während die eben angekommenen Rosse ebenfalls von einem Diener getränkt werden. Diese Deutung ist absolut unmöglich.

Zwischen ihnen liegt ein Gefallener (Σκύθης). Es ist nicht daran zu denken, dass hier eine besondere Sagenversion vorliegt, sondern der Vasenmaler stellt zwei ihm aus der Ilias bekannte Helden in dem bekannten Kampfesschema zusammen. Warum der Gefallene Σκύθης heisst, ist nicht auszumachen, vielleicht, wie O. Jahn, Arch. B. S. 398 und Luckenbach, Fleckeisens Jahrb. 11, Supplementband S. 539 meinen, weil er ein Bogenschütz ist, und diese in Athen Skythen genannt werden.

b. Diomedes im Kampf um die Leiche des Patroklos.

Ob Diomedes auf zwei archaischen Vasen (1. Jahn, Münchener V. n. 53; 2. Gerhard, Auserles. V. 190) unter den Kämpfern sich befindet, ist nicht zu entscheiden, jedenfalls ist er nicht in dem mit der Beischrift ΤΥΔΕΥΣ versehenen Helden zu erkennen; vgl. Schneider, der tr. Sag. p. 27.

Dagegen auf einer rotfigurigen Vase des Oltos und Euxitheos (Overbeck H. G. Taf. XVIII. 3; vgl. Klein, Vasen mit Meistersign. S. 135; Furtwängler B. V. n. 2264) kämpfen um die Leiche des Patroklos Aias und Aineias, denen Diomedes und Hippasos zu Hilfe kommen. Bei Homer ist Diomedes in dieser Zeit verwundet; er ist also wohl vom Künstler beliebig hinzugesetzt. Aias und Aineias kämpfen auch bei Homer um die Leiche. Der Name Hippasos rührt nach meiner Meinung von einem Gedächtnisfehler des Künstlers her; denn bei Homer ist an jenem Kampf ein Apisaon, Sohn des Hippasos, beteiligt, ein Troer[33]), den Lykomedes tötet. Der Name Hippasos kommt auch sonst auf Vasenbildern vor; vgl. Luckenbach a. a. O. S. 496; aber es wäre doch ein eigentümliches Zusammentreffen, wenn der Name Hippasos beliebig gewählt wäre.

c. Diomedes als Teilnehmer an der Gesandtschaft an Achilleus; vergl. Robert, Arch. Ztg. 1881 S. 142 und Schneider a. a. O. S. 14.

---

[33]) P 348.

Auf Homer geht zurück die Darstellung einer archaischen Vase (Arch. Ztg. 1881 Taf. 8, 2 = Furtwängler, B. V. n. 2121): Odysseus, als Muster eindringlicher Beredsamkeit dargestellt, sitzt dem Achilleus gegenüber.

Eine weitere Darstellung der Scene findet sich auf mehreren rotfigurigen Vasen. Hierbei sind, wie in der Ilias, Aias und Phoinix zugegen. Auf einer dieser Vasen (Monum. dell' Inst. VI 21) findet sich an Stelle des Phoinix Diomedes, und Brunn, annali 1858 S. 352 ff., hat erkannt, dass auf dem Skyphos des Hieron (Monum. dell' Inst. VI 19) Diomedes, der auf der einen Seite, die die Wegführung der Briseis darstellt, als Pendant zu Agamemnon verwendet ist, eigentlich zur andern Scene, der Presbeia gehört. Die Frage, wie Diomedes hierzu kommt, beantwortet nach Robert ein athenischer Aryballos (Arch. Ztg. Taf. 8, 1). Wir sehen Odysseus, Achilleus, Aias nach dem bekannten Schema. Daneben stehen Diomedes und Phoinix in eifrigem Gespräch. Es scheint, dass Diomedes zum Gehen entschlossen ist und den Worten des Phoinix nur halb unwillig Gehör schenkt. Dies entspricht seiner Haltung in der Ilias, wo er bedauert, dass die Gesandtschaft abgeschickt worden sei. Robert glaubt nun, nach dieser Anregung habe die archaische Kunst den Diomedes als unwilligen Zuschauer in die Presbeia eingesetzt, woraus sich die Scene zwischen Diomedes und Phoinix entwickelt habe. Allmählich sei dann diese Sonderstellung vergessen, und er mit den Gesandten auf eine Stufe gerückt worden. Näher liegt die Annahme, dass Diomedes zuerst bei Verzierung der Bildfläche beliebig eingesetzt wurde, und dass dann der Maler des Aryballos, dem die homerische Stelle im Gedächtnis war, die Scene umgestaltet hat.

Vielleicht gab es auch eine Sagenversion, wonach Diomedes an der Gesandtschaft teilnahm, obwohl dies wenig wahrscheinlich ist. Als Teilnehmer der Presbeia nennt ihn Dictys II, 48, und auf der tabula Iliaca sehen wir den

Achillens auf einem Lehnstuhl sitzend, vor ihm Phoinix und Diomedes. Jahn, Griech. Bilderchronik S. 17, will unnötigerweise „Diomede" schreiben.

II. Diomedes im epischen Cyklus.

1. In den Epigonoi.

Ausser dem, was Homer erzählt, wissen wir nichts aus diesem Gedichte, das sich speziell auf Diomedes bezöge. Die Hauptrolle spielte nach der Vermutung Welckers Alkmaion. Wenn dagegen in den Hiketides des Euripides v. 1245 Diomedes zusammen mit Aigialeus als oberster Anführer bezeichnet wird, so sieht hierin Welcker E. C. II, 385 eine Schmeichelei gegen Argos. Bei genauerer Betrachtung der Stelle zeigt sich aber, dass Euripides sich den Diomedes nicht in Argos, sondern in Ätolien wohnend denkt. Der Grund, warum er gerade ihn besonders hervorhebt, ist vielleicht der, dass eben sein Name aus der Ilias einer der bekanntesten war, s. S. 58.

Ganz in der Luft steht die Annahme Welckers, dass vielleicht Teiresias aus dem Grabe hervor dem Diomedes die Unsterblichkeit prophezeit habe, wie sie ihm schon in der Thebais verkündet war.

2. In den Kypria.

a. Proklos sagt nur, dass die Kypria den Mord des Palamedes enthielten. Aus Paus. X, 31 erfahren wir genauer, dass Palamedes erstickt wurde, als er zum Fischfang ging, und dass die Mörder Diomedes und Odysseus waren.

Richtig hebt Welcker E. C. II, 107 hervor, dass Odysseus als Feind des Palamedes der Anstifter des Mordes gewesen sei. Dass auch dem Diomedes Anteil an demselben gegeben wurde, erkläre ich daraus, dass die schon durch andere Thaten bekannt gewordene Freundschaft mit Odysseus hier eingewirkt hat, zumal da beide Schützlinge der Athena sind. Auf die Erzählung der Kypria spielt Xenophon de venat. I, 11, allerdings polemisierend, an.

Diese Version wurde jedoch, als die attischen Tragiker den Stoff aufnahmen, verdrängt. Im Palamedes des Euripides erreicht Odysseus allein durch List die Verurteilung und Tötung des Palamedes (vgl. Nauck frg. trag. p. 541 ff.), und dies scheint auch den Inhalt der gleichnamigen Stücke des Sophokles und Aischylos gebildet zu haben.

Den Tod des Palamedes stellte ein πίναξ in Ephesos dar; wenn die Notiz des Tzetzes, dass Timanthes der Künstler sei, wahr ist, was sehr zweifelhaft ist, so ist jedenfalls die Tragödie bestimmend gewesen; vgl. Overbeck H. G. p. 367.

b. Diomedes kam sicher in den Kämpfen gegen Telephos und die Mysier vor. „Da das Heer später wieder nach Argos zurückging, konnte Diomedes nicht fehlen," sagt Welcker mit Recht.

Die Erzählung des Philostratos aber heroic. II, 16. 17 geht kaum auf die Kypria zurück. Er berichtet, Diomedes, Sthenelos und Palamedes hätten gegen Haimon, den Sohn des Ares, gekämpft und ihn getötet. Palamedes habe den Preis nicht haben wollen, sondern habe ihn dem Diomedes überlassen. Nun nimmt aber Diomedes in den Kypria bald darauf an der Ermordung des Palamedes teil. Eine solche Undankbarkeit ist aber mit dem epischen Charakter des Diomedes nicht vereinbar. Hat also der Bericht des Philostratos auch keinen Zusammenhang mit dem alten Epos, so braucht er darum doch nicht erfunden zu sein, er stützt sich vielleicht auf eine in Pergamon einheimische Sage; vgl. Robert, Jahrbuch II S. 259.

c. Ebenso wenig wie in der Ilias, wird Diomedes in den Kypria Mitglied der Gesandtschaft gewesen sein, welche nach Troia geschickt wurde, um die Helena zurückzufordern. Tzetzes Antehom. 154 ff. und Dares c. 17 machen ihn zum Mitglied jener Gesandtschaft.

d. Endlich kann in den Kypria kaum vorgekommen sein, was das schol. Eurip. Hec. 41 ihnen giebt, nämlich, dass Polyxena bei der Eroberung der Stadt von Diomedes und Odysseus getötet worden sei; vgl. Welcker E. Cykl. II p. 164.

3. In der Aithiopis und Ilias mikra.

a. Eine chalkidische Amphora (Monumenti dell' inst. I, 51 = Overbeck H. G. XXIII, 1) stellt den Kampf um die Leiche des Achilleus dar. Links davon wird Diomedes, der an der Hand verwundet ist, von Sthenelos verbunden. Das Mittelbild wird von allen als unbedingt vom Epos abhängig betrachtet. Schneider, der tr. Sagenkreis S. 151, geht weiter. Er meint, der Künstler wolle das Mittelbild mit der Scene von der Verbindung des Diomedes vereinigt wissen; er wolle durch die letztere den Grund zeigen, warum Aias allein kämpfe. Athena, welche zwischen den beiden Scenen steht, trenne sie nicht, sondern verbinde sie. Den ganzen Vorgang will er dem Arktinos geben. In Wirklichkeit ist unsere Scene selbständig aufzufassen, ähnlich wie Achilleus, den Patroklos verbindend, auf dem Innenbild der Sosiasschale dargestellt ist (Ant. Denkmäler I Taf. 10). Sie ist also nicht auf die Aithiopis, sondern mit Luckenbach a. a. O. S. 622 auf Il. E 108 zu beziehen.

b. Diomedes und Odysseus werden auf einem korinthischen Alabastron zusammengestellt, wie sie die Leiche des Aias auffinden (Monum. dell' inst. VI, '33). Diese Scene kann auf das Epos des Arktinos zurückgehen.

c. Der Raub des Palladions. Homer erzählt Odyss. S. 240—64: Odysseus verkleidet sich als Bettler, entstellt sich durch eigene Missbandlungen und schleicht sich in die Stadt ein; nur Helena erkennt ihn und schwört, ihn nicht zu verraten. Da teilt er ihr den ganzen Plan mit und bringt viele Kunde ins Lager hinab. Fraglich ist, ob

dieser Kundschaftsgang die Vorbereitung für den Raub
des Palladions ist, und ob jener, wie Welcker annimmt E. C. II S. 255, nur zufällig unerwähnt geblieben ist.
  Jedenfalls aber kam der Palladionsraub in der Aithiopis des Arktinos vor. Nach Arktinos wandert Aineias,
nachdem Laokoon von der Schlange getötet ist, mit seinem
Vater Anchises und seinem Sohne auf den Ida aus und
nimmt, wie Welcker S. 183 ausführt, auch das Palladion
mit. Unrichtig aber ist es, mit Welcker weiter anzunehmen,
dass deshalb der Raub des Palladions bei Arktinos keine
Stelle gefunden habe. Es ist kein Grund vorhanden, an
der Angabe des Dionys von Halikarnass (antiq. rom. I, 69)
zu zweifeln, dass zwar nach der Aithiopis das echte, von
Zeus dem Dardanos gegebene, Palladion versteckt gewesen
sei, dass aber die Griechen dafür ein nachgemachtes, das
öffentlich ausgestellt war, geraubt hätten; vgl. Jahn, Phil. I
S. 47. Robert, Bild und Lied S. 223.
  Wie Proklos in seiner Inhaltsangabe berichtet, erzählte
Lesches die Kundschaft des Odysseus und den Raub des
Palladions. Dieses wird wohl im Epos mit Gewalt aus-
geführt worden sein, dadurch, dass Diomedes und Odysseus
sich in die Stadt einschlichen und die Wächter ermordeten,
wie Vergil Aen. II, 163 (vgl. Prudent. contra Sym. II. 543),
Ovid Metamorphos. XIII, 343 und Quintus Smyrnaeus
X, 357 es schilderten. Unsere Kenntnis wird ergänzt durch
Hesych, wo wir s. v. Διομήδειος ἀνάγκη lesen: Der Verfasser
der kleinen Ilias erzählt, jener Zwang habe beim Raub des
Palladions stattgefunden. Διομήδειος ἀνάγκη ist ein bekanntes
Sprichwort, das wir bei Aristophanes (Ekkles. 1029) und
Plato (Rep. VI. 493) finden (auch Cramer, Anecdota Oxo-
niensia III, 223). Wie jener Zwang vor sich gegangen,
erklären wesentlich übereinstimmend: Servius II, 166,
Eustat. p. 822 [17], Suidas p. 1386, schol. Plat. Rep. VI,
493 D und die Parömiographen: Zenobius III. 8, Apo-

stolius VI, 15, Arsenius p. 181 [34]): Beim Rückweg nach den Schiffen geht Diomedes mit dem Palladion voraus. Odysseus, der den Ruhm für sich allein haben will, zieht das Schwert, um seinen Gefährten zu töten. Dies bemerkt Diomedes, bindet ihn und treibt ihn, mit dem flachen Schwert seinen Rücken schlagend, vor sich her. Alle diese Erklärungen sagen ausdrücklich, dass das Sprichwort von solchen gebraucht werde, die andere zu etwas zwingen; ebenso ist in den Erzählungen Diomedes derjenige, welcher den Zwang ausübt.

Ganz anders ist die Erzählung des Konon XXXIV: Diomedes steigt auf die Schultern des Odysseus und gelangt so über die Mauer, den Odysseus zieht er nicht nach, sondern kehrt erst, nachdem er das Palladion geraubt, zu ihm zurück. Als Odysseus ihn nach dem Verlauf des Raubes frägt, antwortet Diomedes, die List des Mannes fürchtend, er habe nicht das Palladion, das Helenos bezeichnet, sondern ein anderes genommen. Odysseus erkennt aber an einer Bewegung des Palladions, dass es das echte ist. Da er hinter Diomedes hergeht, will er ihn von hinten töten; Diomedes aber merkt dies am Glanze des Schwerts — es war gerade Mondschein — und zieht ebenfalls sein Schwert. Odysseus tötet ihn nicht, wirft ihm aber seine Feigheit vor und treibt ihn, seinen Rücken mit dem flachen Schwerte schlagend, vor sich her.

---

[34]) Die Zeugnisse unterscheiden sich nur in einem Punkte: Bei Zenobius sieht D. das Schwert vor sich glänzen wie in einem Spiegel ὡς ἐν κατόπτρῳ ἀποστίλβον τὸ ξίφος. Hier ist doch notwendig zu ergänzen, worin er das Schwert sieht, nämlich in dem Schilde des Palladions; so auch Baumeister, Denkmäler s. v. Palladium. Bei den andern sieht er im Mondschein den Schatten des Schwerts. Klein, Mitteilungen aus Östreich III. S. 38, will unsere Überlieferung aus einer gemeinsamen Quelle ableiten, nämlich aus einem alten, gelehrten Erklärer des Aristophanes, weil bei Zenobius und in dem Platoscholion die Ranae (statt der Ecclesiazusae) des Aristophanes citiert werden. Das ist möglich.

O. Jahn (Phil. I, 47) hat den Unterschied der beiden Versionen ganz übersehen. Welcker E. C. II S. 243 sagt: Nach Konon wollte Diomedes den Odysseus betrügen und erfuhr von ihm den Zwang; Diomedes ist also der listige und betrügerische; er zieht den Odysseus nicht die Mauer hinauf; er giebt vor, es sei nicht das echte Palladion. Als Odysseus die Lüge durchschaut, will er, um den Betrug zu rächen, seinen Gefährten von hinten töten; er thut dies nicht, sondern wirft ihm seine Feigheit vor, weil er nicht ehrlich gegen ihn gehandelt und treibt ihn vor sich her. Diese Version des Konon will Welcker der kleinen Ilias zuschreiben. Dann hätte aber Lesches den epischen Charakter des Diomedes und Odysseus gerade umgekehrt. Vielmehr ist ihm die erste Version zu geben; denn nach dieser gelangen beide in die Stadt, eine Vorstellung, die auch dem Verfertiger der tabula Iliaca vorschwebt.

Für die Denkmäler verweise ich auf Chavannes de raptu Palladii, Berlin 1891, eine Arbeit, die ich zu spät zur Hand bekam, um sie im einzelnen verwerten zu können.

[Auf der tab. II. (Jahn, Bilderchr. S. 31, Taf. I) schreitet Diomedes, behelmt, in der Rechten das Schwert, in der erhobenen Linken das Palladion nach vorwärts, indem er sich umsieht. Hinter ihm kommt Odysseus in der Rüstung, gebückt, aus einem gewölbten Thor hervor.

Eine ähnliche Scene zeigt uns eine Vase mit Relieffiguren aus dem 3. Jahrh.; Heydemann, Neapl. V. n. 179. S. 7; ebenso ein Terrakottarelief (Overbeck H. G. S. 542 und 43), von dem sich eine Replik in Neapel befindet (Heydemann, VII. Hallesches Winkelmannsprogramm Taf. III, 5 S. 24).

Den Moment des Streites scheint darzustellen eine Thonlampe, abg. Mitteilungen aus Österreich S. 37. Klein a. a. O. meint, Odysseus hemme den Schritt, fasse mit der Linken den Bart, werfe den Kopf in den Nacken, wie einem plötzlichen Einfall nachsinnend; die Rechte mit dem gezückten Schwert halte sich bereit, das Ersonnene auszuführen. Kurz, Odysseus überlege, wie er den Diomedes von hinten ermorden wolle. Dies wäre doch sonderbar. Bliebe Odysseus stehen, um noch lange zu überlegen, so müsste er doch sofort die Aufmerksamkeit seines Gefährten erregen. Vielmehr scheint mir die Situation diese zu sein: Odysseus hat schon das Schwert erhoben gehabt, um den Diomedes zu töten; dieser bemerkt es und sieht rasch um; erschreckt lässt Odysseus die Rechte sinken und fährt mit der Linken an den Kopf; vgl. hierzu das römische Relief Mon. d. Inst. VI, 51 D.]

Es ist jetzt noch die Version des Konon zu besprechen. Fassen wir die Hauptscene ins Auge. Als Odysseus weiss, dass Diomedes das echte Palladion trägt, zieht er sein Schwert in der Absicht, jenen zu töten und selbst den Achäern das Palladion zu bringen (βουληθεὶς — αὐτὸς Ἀχαιοῖς τὸ Παλλάδιον κομίζειν), nicht um den Betrug des Diomedes zu rächen, wie Welcker die Sache darstellt. Dies bemerkt Diomedes, und jetzt erwarten wir den Ausgang, wie er in der ersten Version dargestellt ist: Odysseus hat einen feigen Meuchelmord begehen wollen und muss dafür bestraft werden. Und wir haben noch eine Spur, dass in der Erzählung des Konon die Sache so zugegangen ist, nämlich in den Worten δειλίαν ὀνειδίσας. Welcker erklärt die Sache so, dass Odysseus dem Diomedes Feigheit vorwerfe, weil er nicht ehrlich gegen ihn gehandelt habe. Aber dies ist keine Feigheit. Der Vorwurf hat nur Sinn, wenn ihn Diomedes dem Odysseus macht wegen seines feigen Angriffs von hinten, und so muss es in der Erzählung des Konon gewesen sein. Es liegt nun nahe, an eine Korruptel in dem vorliegenden Texte zu denken; aber ohne grösste Gewaltthätigkeit lässt sich der richtige Sinn nicht herstellen. Es bleibt also nichts übrig, als die Schuld dem Photios zu geben, der den Konon allzu flüchtig auszog und so die Verwirrung zu stande brachte.

Die echte Version des Konon unterscheidet sich also von der erstbehandelten nur dadurch, dass hier ein Versuch gemacht wird, den Mordanfall des Odysseus zu rechtfertigen. Diomedes erscheint ebenfalls als schuldig, weil er zuerst versucht hat, den Odysseus zu täuschen. Hierbei schwebt die Version des Arktinos von einem unechten Palladion vor. Das echte giebt sich durch eine Bewegung zu erkennen, ein Zug, der sich auch sonst findet z. B. Vergil, Aen. II. 172.

Ganz anders beurteilen die Erzählung des Konon Klein und Heydemann. Der erstere a. a. O. S. 39 hält sie für die „gute, alte" Überlieferung, und zwar für die Hypothesis einer Tragödie. Odysseus ziehe sich durch einen seiner vollkommen würdigen Einfall aus der bedrohlichen Situation. Er verwandelt den beabsichtigten Mordstreich in einen gutgemeinten Hieb mit der flachen Klinge, wirft Diomedes seine gerechte Besorgnis als feige Verdächtigung (aber $\delta\varepsilon\iota\lambda\iota\alpha$ ist doch nicht feige Verdächtigung) vor und treibt ihn, ehe er zur Besinnung kommen kann, weiter vorwärts.

Heydemann dagegen (Jahrbuch I S. 297) sieht in ihr eine komische Wendung der Sage, die auf eine Komödie zurückgehe. Es sei der Witz eines Komödienschreibers unverkennbar, der auf Kosten des Diomedes den Erzschelm Odysseus verherrliche. Als Diomedes sich umwendet und sich verteidigen will, macht Odysseus, schnell gefasst, gute Miene zum bösen Spiel, höhnt den Tydiden wegen seiner Furcht und treibt ihn mit flacher Klinge scherzend vorwärts [35]).

---

[35]) Vgl. auch Chavannes a. a. O. S. 42 ff. Die Erzählung des Konon hat absolut nichts Komisches; wohl aber führt Heydemann die Darstellung auf einer unteritalischen Oinochoe (a. a. O. S. 296)

d. Odysseus und Diomedes, die hier so feindlich aufeinander stossen, können kaum in demselben Gedicht bei anderer Gelegenheit in Freundschaft verbunden gewesen sein. Ich folge daher dem Proklos, der sagt, in der kleinen Ilias hole Diomedes allein den Philoktetes von Lemnos, nachdem Odysseus den Helenos gefangen, und dieser Weissagungen über die Eroberung der Stadt gegeben hat. Es scheint also die Annahme Welckers, der E. C. II, 232 zu beweisen sucht, es müsse ausgefallen sein „mit Odysseus", nicht gerechtfertigt [36]).

e. Die Abholung des Neoptolemos von Skyros giebt Proklos dem Odysseus allein. Wir nehmen auch hier nicht die Ansicht Welckers an, dass Diomedes sein Begleiter gewesen sei, obwohl dies Quintus Smyrnaeus berichtet (VI, 64. VII, 169).

f. In der Iliupersis des Lesches tötet Diomedes bei der Einnahme von Troia den Koroilos, den Freier der Helena (Paus. X, 27, 1.)

mit Recht auf die Komödie zurück. Odysseus geht mit dem Palladion voran; Diomedes folgt. Sonst hält Diomedes das Götterbild. Heydemann meint, diese Abweichung vom Landläufigen sei der Angelpunkt der komischen Scene. „Odysseus, gerieben und schlau wie einer, hat sich des Palladions, das Diomedes geraubt, auf irgend eine Weise bemächtigt und eilt nun mit seiner Beute vergnügt lächelnd von dannen, während der tapfere Diomedes vergebens nachläuft." —
[36]) So schon Schneidewin, Philol. IV, 649 ff. Für diese Ansicht könnte man auch ein Gemälde in der Galerie bei den Propyläen in Athen anführen: Paus l. 22. 6: Διομήδης ἦν καὶ Ὀδυσσεύς, ὁ μὲν ἐν Λήμνῳ τὸ Φιλοκτήτου τόξον, ὁ δὲ τὴν Ἀθηνᾶν ἀφαιρούμενος ἐξ Ἰλίου. Brunn K. G. II² S. 23. 33 nimmt nämlich an, Diomedes und Odysseus hätten auf diese Weise Pendants gebildet. Dagegen glauben Welcker E. C. II. S. 240 a. und Overbeck H.G. S.575, beide seien auf beiden Gemälden dargestellt gewesen, und Pausanias nenne immer nur die Hauptperson. Bei beiden Annahmen ist auffallend, dass Odysseus das Palladion raubt. Daher streicht Robert, Sarkophagreliefs S. 144: καὶ Ὀδυσσεύς, giebt also beide Thaten dem Diomedes und bezieht den Raub des Bogens auf den Philoktetes des Euripides. Eine sichere Entscheidung ist nicht möglich.

III. Diomedes bei den älteren Lyrikern.

Die Erwähnung des Diomedes bei den älteren Lyrikern ist eine sehr dürftige.

Pindaros erwähnt den Tod des Rhesos (frg. 262). Nachdem Rhesos einen Tag mit den Griechen gekämpft, schickt Hera die Athena zu seinem Verderben aus. Sie bewirkt, dass Odysseus und Diomedes als Kundschafter ausziehen und den Rhesos mit seinen Gefährten im Schlaf töten. Wenn wir alles, was schol. Il. K. 435 erzählt, dem Pindaros zuschreiben dürfen, so wich er also darin von Homer ab, dass er den Rhesos nicht unmittelbar nach seiner Ankunft töten und die Athena und Hera eingreifen liess.

In einem Vergleiche berührt Pindaros (I Pyth. v. 52) auch den Philoktetes, den ἥρωες ἀντίθεοι von Lemnos geholt hätten. Unter diesen versteht er wohl den Diomedes und Odysseus, schliesst sich also dem Lesches nur zum Teil an; vgl. Schmidt, Ulixes Posthom. S. 42.

Über Pindar Nem. X, 7: Διομήδεα δ' ἄμβροτον ξανθά ποτε Γλαυκῶπις ἔθηκε θεόν und eine dazu gehörige Stelle des Ibykos wird weiter unten gehandelt werden.

IV. Diomedes bei den Tragikern.

1. In Dramen, deren Stoff dem Homer entlehnt ist.

Nur der pseudo-euripideische Rhesos behandelt einen Stoff aus Homer, der eine That des Diomedes enthält. Die Handlung schliesst sich wesentlich an Homer an. Ein Unterschied zeigt sich nur darin, dass Dolon die Wolfshaut als Verkleidung anlegt, um, auf allen Vieren kriechend, vom Feinde nicht entdeckt zu werden.

Dies bestimmt mich, einen Einfluss der euripideischen Darstellung auf eine Federzeichnung der ambrosianischen

Handschrift der Ilias aus dem 4. Jhdt. anzunehmen (annali 1875 tav. R 2). Das Bild lehnt sich nicht an Homer an. Bei diesem trägt er eine Mütze aus Wieselfell; ein Wolfsfell ist seine Bekleidung. Hier fehlt die Mütze; das Wolfsfell dient als Verkleidung; er ist auf allen Vieren einhergekrochen, und Odysseus hat ihn an den Ohren des Fells in die Höhe gehoben. Anders Schneider a. a. O.

Darauf, dass Odysseus es ist, der in einer zweiten Scene jenes Bildes den Dolon zerstückelt, lege ich keinen Wert. Auf keinen Fall ist aber daran zu denken, dass Diomedes gegen ihn eine feindliche Gebärde macht; ganz verkehrt hierüber Baumeister, Denkmäler s. v. Dolon.

Auf welches griechische Vorbild die Nyktegresia des Accius, die denselben Stoff behandelte, zurückgeht, lässt sich nicht sagen; vgl. Ribbeck, Röm. Tr. S. 365. Ob wir mit Ribbeck nach Serv. ad. Aen. XII, 347 annehmen dürfen, dass in der Tragödie die beiden den Dolon vorläufig an einen Baum gebunden zurückgelassen und ihn erst, nachdem sie aus dem troischen Lager zurückgekehrt, getötet hätten, lasse ich dahingestellt. Jedenfalls geht es nicht aus frg. VIII hervor, was Ribbeck annimmt.

2. Diomedes in Dramen, deren Stoffe dem epischen Cyklus entlehnt sind.

Diomedes und Odysseus treten meist zusammen auf. Diese Waffengenossenschaft bewirkt sogar, dass die Tragiker den Diomedes auch bei solchen Unternehmungen als Teilnehmer einführen, wo ihn die Gedichte des epischen Cyklus nicht kennen.

a. Diomedes und Odysseus in den Skyrioi des Sophokles und Euripides. Abweichend von der epischen Sage bildete sich auf Skyros eine Lokalsage über die Abholung des Achilleus aus, vielleicht beeinflusst von der bekannten Sage von der Abholung des Neoptolemos.

Nach ihr brachte Thetis, die von ihrem Vater Nereus erfahren, dass Achilleus früh sterben werde [38]), ihren Sohn nach der Insel unter die Töchter des Lykomedes, wo er sich mit Deidameia verbindet und den Neoptolemos erzeugt. Die Griechen erfahren durch Kalchas, dass Troia nicht ohne Achilleus gewonnen werden könne, und wo dieser sich aufhalte [39]). Seine Erkennung wird bewirkt dadurch, dass Odysseus unter Weibersachen Waffen hinlegt und plötzlich eine Trompete blasen lässt. Bei Statius und Philostratos (a. a. O.) sind die griechischen Gesandten Odysseus und Diomedes [40]). Welcker, Gr. Tr. 102, und Nauck, frg. tr. Gr. S. 253, nehmen nun an, dass diese Sage in den Skyrioi des Sophokles behandelt war. Ausser Odysseus nimmt Welcker auch den Diomedes als Gesandten an und erklärt frg. 513 so, dass Lykomedes über den Tod seines einzigen Sohnes klage, und Diomedes ihm erwidere:

ἀλλ' εἰ μὲν ἦν κλαίουσιν ἰᾶσθαι κακά
καὶ τὸν θανόντα δακρύοις ἀνιστάναι,
ὁ χρυσὸς ἧσσον κτῆμα τοῦ κλαίειν ἂν ἦν.
νῦν δ' ὦ γεραιέ, ταῦτ' ἀνηνύτως ἔχει
κἀμοὶ γὰρ ἂν πατήρ γε δακρύων χάριν
ἀνῆκτ' ἂν εἰς φῶς.

Von diesem Sohne des Lykomedes hören wir sonst nichts, und es erscheint bedenklich, diesem König einen Sohn zu geben, den doch die Sage mit Absicht als Vater so vieler Töchter charakterisiert. Solche Bedenken mögen Robert (Bild und Lied S. 349, A. 40 und Sarkophagreliefs S. 21) bestimmt haben, als Inhalt des Stückes die Abholung nicht des Achilleus, sondern des Neoptolemos anzunehmen. Jene Worte spräche dann Neoptolemos zu Phoinix, der über

---

[38]) Philostr. εἰκόνες. Ἀχιλλεὺς ἐν Σκύρῳ (Kayser II. S. 392).
— [39]) Apollod. 3, 18, 8; Stat. Ach.; anders schol. Il. T. 326. —
[40]) Nach andern sind die Gesandten andere; vgl. Schmidt, Ulixes p. 56.

den Tod des Achilleus klage. Dies ist deshalb unwahrscheinlich, weil in jenem Fragment der Vater des Sprechenden wohl ein anderer ist, als der, über dessen Tod der Alte klagt. Ausserdem wäre es sonderbar, wenn zwei Stücke desselben Namens (von Sophokles und Euripides) verschiedene Stoffe behandelten. Es wird also nichts anderes übrig bleiben, als zur Welckerschen Erklärung zurückzukehren und die Worte dem Diomedes zu geben.

Auch in der euripideischen Tragödie Skyrioi wird wohl Diomedes der Begleiter des Odysseus gewesen sein.

Von bildlichen Darstellungen interessieren uns nur diejenigen, auf denen Diomedes vorkommt.

1. Vogel möchte das Bild einer rotfigurigen Amphora (Passeri Pict. Etrusc. II. tav. 182) auf die Skyrioi des Euripides beziehen. Ein älterer bärtiger Mann, sitzend, spricht mit einem rechts neben ihm stehenden Jüngling, der seine rechte Hand auf jenes Schulter ruhen lässt. Auf der linken Seite redet Odysseus, durch den Pilos gekennzeichnet, auf den Sitzenden ein. Vogel nennt den Jüngling Diomedes. Aber die Gestalt ist vielmehr die eines traurig Abschied Nehmenden; wir werden ihn also eher Achilleus nennen. Eine ähnliche Abschiedsscene ist dargestellt auf einem Sarkophagrelief (Robert, Sarkophagreliefs, Taf. IX, 21 a), wo ausser Lykomedes und Achilleus Diomedes und Odysseus dargestellt sind. Dass aber jenes Vasenbild auf die Tragödie des Euripides zurückgeht, ist ganz unerweislich.

2. Mehrere pompeianische Wandgemälde und Mosaiken haben die Erkennungsscene zu ihrem Gegenstand (Helbig P. W. n. 1296—99, 1301 und 1302; Sogliano, le pitture murali n. 572. 573). Sie scheinen alle auf ein Original (Gemälde des Athenion?) zurückzugehen und entsprechen im allgemeinen der Beschreibung des Philostratos (a. a. O.). Deidameia sucht den Achilleus zurückzuhalten; Odysseus fasst ihn am Arm; auf der andern Seite erscheint ein

junger Mann, offenbar Diomedes. Auf 1297 ist ausserdem Lykomedes und der Trompeter sichtbar.

3. Die Sarkophagbilder (Robert, Sarkophagr. Taf. VI—XX) stellen ebenfalls fast alle den Moment dar, wo Achilleus beim Schall der Trompete die Waffen ergreift und, ohne auf das Flehen der Deidameia zu achten, gegen den vermeintlich einbrechenden Feind zu kämpfen sich anschickt. Unter den umstehenden Personen sind Odysseus und Diomedes kenntlich; vgl. Jahn, Arch. B. 352 ff. und Robert a. a. O. S. 23—54.

b. Odysseus und Diomedes kamen zusammen wohl auch in der Iphigenie des Sophokles vor. In der Inhaltsangabe des Proklos zu den Kypria lesen wir: sie holten die Iphigenie ab. Bei Sophokles sind es wohl Diomedes und Odysseus, die sie ins Lager bringen, denn so berichtet, wohl nach Sophokles, Hygin f. 98, vgl. Nauck fr. tr. ² p. 197.

c. Sophokles lässt in seinem Philoktetes den angeblichen ἔμπορος berichten, Odysseus und Diomedes seien gegen Philoktetes ausgesandt [41]). Im Philoktet des Euripides schickt Agamemnon wirklich den Diomedes und Odysseus zur Abholung des Philoktetes nach Lemnos (Dio Chrysostom. or. 52. 53). Dem Euripides folgt wahrscheinlich Hygin f. 102; vgl. Nauck frg. t. ² p. 613. Darnach überreden sie ihn, sich mit den Griechen zu versöhnen und ihnen zu helfen, und bringen ihn mit sich nach Troia. Über die Rolle des Diomedes ergiebt sich weder etwas aus Hygin, noch aus Philostratos, noch aus den Fragmenten [42]). Hier treten die Bildwerke einiger etruskischen Aschenurnen ergänzend ein: Brunn urne etrusce tav. 69—72₇ [43]), Milani, Filottete tav. III, worüber treffend Ribbeck, R. Tr. p. 395, urteilt. Odysseus naht sich unerkannt dem Philoktetes und verwickelt ihn in ein lebhaftes Gespräch, oder

---

[41]) v. 592 cf. 416; 570. — [42]) Über das Bild in der athenischen Pinakothek s. S. 50. — [43]) tav. 71. 5 = Baumeister, Denkm. 1483.

er fasst mit beiden Händen das leidende Bein des Kranken, wohl unter dem Vorwand, ihm zu helfen. Unterdessen beugt sich Diomedes von der andern Seite vor und nimmt den Bogen heimlich weg. Diese Scene ist sowohl für das Stück des Euripides als den darnach gearbeiteten Philocteta des Accius vorauszusetzen. Brunn l. l. tav. 69, 1—4 bezog man früher auf den Philoktetes des Sophokles; die richtige Deutung hat Ribbeck a. a. O. S. 397 ff. gefunden. Bei Euripides sucht eine troische Gesandtschaft den Philoktetes für sich zu gewinnen. Auf jenen Bildern ist er im Begriff, sich in den Dienst derselben zu stellen; in gespannter Erwartung harren Odysseus und Diomedes des Ausgangs, jener seinem Gefährten Schweigen gebietend, dieser vertrauensvoll seinen Arm fassend.

Mit Unrecht hat dagegen Robert, Sarkophagrelief p. 51, ein Relief (a. a. O. Taf. LI) auf unser Stück bezogen. Philoktetes, auf das linke Knie geworfen, streckt die Hand flehentlich gegen einen Jüngling rechts aus, der mit dem Bogen fortzueilen im Begriffe ist. Odysseus betrachtet, hinter der Höhle versteckt, den Vorgang. Milani, il mito di Filottete S. 92 ff., sieht in dem Jüngling Neoptolemos und glaubt, das Ganze sei eine Illustration von Sophokl. Phil. 865—1080. Robert dagegen meint, die Haltung des Neoptolemos passe nicht recht; er sollte nicht forteilen, sondern zweifelnd dastehen. Er bringt die Scene in Verbindung mit einer Lampe, abg. Robert a. a. O. S. 149, „wo der Begleiter des auch hier ungesehen zuschauenden Odysseus dem Philoktetes, während dieser mit einem Vogelfittich den wunden Fuss fächelt, heimlich die Waffen entwendet und somit dieser nur der euripideische Philoktetes sein kann". Aber das Charakteristische der auf Euripides zurückgehenden Darstellungen ist gerade, dass, während Odysseus den Philoktetes unterhält, Diomedes den Bogen heimlich wegnimmt. Wir werden uns also der Deutung Milani's anschliessen müssen.

d. Den Neoptolemos holen nach Quintus Sm. VI, 64 und VII 169, Diomedes und Odysseus von Skyros. Von Tragikern behandelten diesen Gegenstand Nikomachos und Mimnermos, dann Accius. Ribbeck, R. Tr. S. 402, ist geneigt zu glauben, dass in dem Stücke des Accius, dessen griechisches Original unbekannt ist, Diomedes eine Rolle gespielt habe; doch lässt sich dies nicht beweisen.

e. Den Palladionsraub führen, wie im Epos, so auch im Drama Diomedes und Odysseus aus. Zum Inhalt hatten ihn die der kleinen Ilias entnommenen (vgl. Aristot. Poet. 23 p. 1459—6) Λάκαιναι des Sophokles und die Φρουροί des Jon. In dem Sophokleischen Stück drangen sie durch eine Kloake in die Stadt ein (frg. 337). Der Raub wurde durch List und Verrat ausgeführt (frg. 538). Mehr lässt sich leider über den Inhalt des Stückes mit Sicherheit nicht feststellen. Welcker bezieht ausserdem mit Recht auf unsere Dichtung das schon von Meursius den Λάκαιναι zugeteilte frg. 741, indem er annimmt, der Streit im Epos sei in der Tragödie zu einem Wortwechsel abgeschwächt worden; vgl. Chavannes a. a. O. S. 51 ff. über die Denkmäler und S. 64 über die römischen Sagen, die erklären wollen, wie das Palladion aus dem Besitz des Diomedes nach Rom kommt.

f. Vielleicht kam Diomedes auch in dem Achilleus Thersitoktonos des Chairemon vor; vgl. Nauck fr. tr.[2] p. 782. Nach Proklos, Argument der Aithiopis, tötet Achilleus die Penthesileia; die Troer bestatten sie; Thersites schmäht den Achilleus wegen seiner Liebe zu ihr und wird von ihm getötet. Darauf schifft Achilleus nach Lesbos und wird durch Odysseus von dem Morde entsühnt. Dies nimmt Nauck als Hypothesis für die Tragödie des Chairemon an. Wir wissen aus den Fragmenten über den Gang derselben nichts; aber es lässt sich vermuten, dass nicht nur im allgemeinen gesagt war, es sei ein Aufstand unter den Achäern ausgebrochen, sondern dass auch, um

zu Reden Gelegenheit zu geben, ein bestimmter Rächer
sich gegen Achilleus erhoben habe, und hierfür ist keiner
geeigneter als Diomedes, der nach Apollodor I. 8, 6 und
Pherekydes bei schol. Il. B. 213 ein Verwandter des Thersites, des Sohnes des Agrios, ist. Vielleicht kam auch in
dieser Tragödie vor, was Tzetzes z. Lyk. v. 944 sagt, dass
Diomedes, wegen des Thersites ergrimmt, die Penthesileia
in den Skamandros wirft. Nach Quintus Sm. I, 765 zürnen
die Achäer nicht, sondern freuen sich beim Tode des Thersites; nur Diomedes grollt dem Peliden und hätte die
Hand gegen ihn erhoben, wenn nicht die Gefährten sie
auf beiden Seiten zurückgehalten hätten. Bei Dictys IV, 3
schimmert noch die Liebe des Achilleus durch, ebenso der
Streit mit Diomedes, aber ohne das Motiv, dass Diomedes
als Verwandter des Thersites dem Achilleus entgegentritt.
Achilleus will die getötete Penthesileia bestatten; Diomedes
wirft sie in den Skamandros.

g. Diomedes im Oineus des Euripides; vgl. Nauck
a. a. O. S. 536. Schol. Ar. Acharn. v. 418 sagt: Euripides
ist der Verfasser des Dramas Oineus. Nach dem Tode
des Tydeus und dem Feldzug des Diomedes gegen Theben
wird Oineus wegen Alters seiner Herrschaft von den Söhnen
des Agrios beraubt, bis Diomedes zurückkehrt, den Agrios
tötet und dem Oineus die Herrschaft zurückgiebt.

Merkwürdig erscheint hier der Ausdruck ἐπανελθών,
woraus deutlich wird, dass Euripides den Diomedes vor
seinem Zug gegen Theben in Ätolien weilen lässt. Dieselbe Vorstellung liegt dem Schlusse der Hiketiden zu
Grunde, wo Athena zu den Söhnen des Erschlagenen sagt:
Ihr werdet Theben zerstören, du Aigialeus, und der Sohn
des Tydeus, von den Ätoliern kommend.

Nauck setzt auch Hygin f. 175 hinzu, scheint sie
also für einen Teil des Arguments zu halten. Als Agrios,
der Sohn des Porthaon, seinen Bruder Oineus der Kinder
beraubt sieht, stösst er ihn vom Throne und nimmt selbst

die Herrschaft in Besitz. Unterdessen kommt Diomedes, der Sohn des Tydeus und der Deipyle, als er hört, sein Grossvater sei vom Throne gestossen, mit Sthenelos, dem Sohne des Kapaneus, nach Ätolien und tötet den Lykopeus, den Sohn des Agrios, im Zweikampf. Darauf vertreibt er den Agrios und stellt dem Oineus die Herrschaft wieder her. Agrios tötet sich später selbst.

Mit Euripides stimmt nur überein, dass Diomedes einen Verwandten des Agrios, nämlich seinen Sohn Lykopeus tötet. Sonst aber finden sich mehrere Differenzen. Bei Euripides wird Oineus von den Söhnen des Agrios, nach Hygin von Agrios selbst vom Throne gestossen. Euripides verlegt die ganze Geschichte unmittelbar hinter den thebanischen Zug; Hygin hinter die troische Expedition. Endlich nach Euripides tötet Diomedes den Agrios, nach Hygin giebt er sich selbst den Tod. Aus diesen Gründen scheint es mir unmöglich, die Fabel des Hygin auf Euripides zurückzuführen. Aber gerade der letzte Zug, der Selbstmord des Agrios, scheint auf eine Tragödie hinzuweisen. Vielleicht geht Hygin auf Sophokles zurück, dem mit Wahrscheinlichkeit ein Oineus zugeschrieben wird; vgl. Nauck S. 233. Auch Chairemon hatte einen Oineus verfasst; vgl. Nauck S. 786.

Betrachten wir jetzt in Kürze die Entwicklung der Sage. Der nächste, der sie erwähnt, ist Ephoros bei Strabo VII p. 325 und IX p. 462. Er setzt sie wie Euripides nach den Epigonenzug. Alkmaion habe mit Diomedes die Feinde des Oineus bestraft; dann habe er jenen Ätolien überlassen und Akarnanien unterworfen. Unterdessen habe Agamemnon Argos erobert; als aber der troische Krieg hereingebrochen sei, habe er jene, die als Nachkommen des Amphiaraos und Adrastos das Herrscherrecht auf Argos gehabt, zur Besitznahme von Argos und zur Beteiligung an der Expedition aufgefordert. Diomedes sei gekommen, Alkmaion nicht.

Der Hauptgesichtspunkt für Ephoros beim Arrangement der Sage ist der, mit den Ansprüchen der verschiedenen Helden, Alkmaion, Diomedes, Agamemnon, auf Argos fertig zu werden und zu erklären, warum vor Troia in der Ilias Agamemnon, im Schiffskatalog Diomedes als Herrscher von Argos erscheint, und warum Alkmaion nicht zu den Teilnehmern am troischen Feldzuge gehört.

Apollodor I, 8, 6 erzählt: Die Söhne des Agrios, Thersites, Onchestos, Prothoos, Keleutor, Lykopeus, Melanippos, nehmen dem Oineus die Herrschaft und übergeben sie ihrem Vater; ihn selbst sperren sie ein und behandeln ihn schimpflich. Diomedes aber kommt mit Alkmaion heimlich aus Argos und tötet die Söhne des Agrios ausser Onchestos und Thersites — denn diese waren in den Peloponnes geflohen — und übergiebt die Herrschaft dem Schwiegersohne des Oineus, dem Andraimon. Den Oineus bringt er nach dem Peloponnes, wo er von den entflohenen Söhnen des Agrios getötet wird. Seine Leiche bestattet Diomedes in Argos, und davon heisst eine Stadt Οἰνόη. Darauf heiratet er eine Tochter des Adrastos oder des Aigialeus, die Aigialeia, und zieht gegen Theben und Troia zu Felde.

Wesentlich dieselbe Geschichte hat Pausanias II, 25, 2 im Auge: Oineus, von den Söhnen des Agrios vertrieben, flüchtet sich nach Argos zu Diomedes, der einen Rachezug nach Kalydon unternimmt. Er erklärt aber seinem Grossvater, er könne nicht dort bleiben, und ladet ihn ein, zu ihm nach Argos zu kommen. Später begräbt er ihn an einem Ort, der davon den Namen Oinoe erhält.

Auch diese Version ist zurecht gemacht. Zunächst wird die Geschichte vor den thebanischen und troischen Zug gesetzt. Der Grund ist folgender: In der Ilias ist der Herrscher von Ätolien Thoas, der Sohn des Andraimon, da, wie wir Il. B. 638 ff. lesen, Oineus und seine Söhne nicht mehr am Leben sind. Warum Andraimon ihr

Nachfolger ist, wird nicht gesagt. Diese Lücke füllt der Mythograph aus, indem er den Andraimon zum Schwiegersohne des Oineus macht. Diesem verleiht Diomedes die Herrschaft, während er den Oineus nach Argos bringt. Hier hat offenbar die ätiologische Tendenz eingewirkt, den Namen der Stadt Οἰνόη von Oineus abzuleiten. In die Regierungszeit des Andraimon fällt dann der thebanische Zug des Diomedes, so dass nach dem Tode des Andraimon Thoas mit Diomedes vor Troia im Felde stehen kann.

Endlich hat der Mythograph auch den Streit des Diomedes und Achilleus wegen des Thersites im Auge. Er kennt diesen, wie schon Pherekydes (schol. Il. B. 203), von dem vielleicht diese ganze Version herrührt, als Sohn des Agrios. Damit er gegen Troia zu Felde ziehen kann, muss er in den Peloponnes entkommen. Auch Lykophron scheint auf die Sage anzuspielen, wenn er Alex. 999. 1000 den Thersites als Αἰτωλός bezeichnet.

Die ganze Sage ist offenbar unter dem Einfluss der Tydeussage entstanden. Tydeus ist es wohl ursprünglich, der den Oineus rächt. Später aber hat die Diomedessage eine Rückwirkung auf die Tydeussage ausgeübt. Nach den Epigonoi tötet Tydeus die Söhne des Melas, nach den späteren Versionen, wie Diomedes, die des Agrios.

Vielleicht ist der Zug, dass Diomedes an die Stelle des Tydeus tritt, erst von den Tragikern erfunden worden. Eine ähnliche Sage behandelte Euripides im Peleus, wo der während des troianischen Krieges von der Herrschaft vertriebene Peleus ebenfalls von seinem Enkel Neoptolemos wieder eingesetzt wird.

Nach Euripides ist gedichtet die Periboia des Pacuvius (Ribbeck, R. Tr. S. 303). Es scheint, dass bei Euripides und Accius Agrios nach dem Tode seiner Söhne auf einen Altar flieht und vielleicht dort von Diomedes getötet wird. Dies wenigstens lässt sich wohl aus zwei sonst unverständlichen Vasenbildern erschliessen; vgl. Vogel, Euripides auf Vasendarstellungen S. 125.

1. Rotfigurige Vase. Inghirami v. f. I, 60; Catal. of the vas. in the Brit. Mus. II, 1362. Auf einem auf einem Altar liegenden Kissen sitzt Agrios mit auf den Rücken gefesselten Händen. Neben dem Altar erscheint eine Erinys. Von links schreiten ein alter Mann mit dem Königsscepter und eine weibliche Figur auf den Altar zu; dem König hält ein Jüngling ein in der Scheide steckendes Schwert entgegen. Man kann den Alten Oineus, den Jüngling Diomedes nennen.

2. Polychrome Amphora in Petersburg; vgl. Vogel a. a. O. S. 127. Auf einer Basis oder einem Altar sitzt ein bärtiger Mann, der sich in der Verzweiflung das Haar rauft. Ihm gegenüber ein Jüngling (Diomedes), in der Rechten ein gezücktes Schwert haltend. Zwischen den beiden ein bärtiger Alter (Oineus), der sich mit zorniger und vorwurfsvoller Gebärde gegen Agrios wendet. Am Fuss des Altars liegt der Leichnam eines Jünglings oder eines Mädchens. Im Hintergrund ist ein Tempel oder Palast sichtbar.

V. Diomedes in der Komödie.

Diomedes ist gemäss seinem Charakter keine Komödienfigur und kommt deshalb äusserst selten in der Komödie vor.

Die Dolonie scheint Eubulos in seinem Dolon parodiert zu haben. Ein lukanisches Vasengemälde, das die Ergreifung des Dolon darstellt (Overbeck H. G. XVII, 4), steht vielleicht unter dem Einfluss der komischen Bühne. Die Scene geht im Walde vor. Odysseus trägt Pilos und Schwert, Diomedes Helm und Lanze. Diomedes will den Dolon eben packen; dieser sucht sich mit der Lanze zu verteidigen, während Odysseus auf der andern Seite mit dem Schwert gegen ihn vorgeht. Die Darstellung trägt charakteristischen Realismus zur Schau.

Vgl. auch S. 49 A. 35.

VI. Sagen über Diomedes in Unteritalien, sein Kult und seine Städtegründungen.

Eine Reihe von Sagen lassen den Diomedes seinen Tod in Italien finden. Wir fragen sofort nach dem Alter und der Art der Entstehung derselben. Schon Heyne, vergil III p. 578 ff., hat es ausgesprochen, dass sie wohl den Nosten zu geben seien. Dies lässt sich, wenn nicht beweisen, so doch wahrscheinlich machen. Wie wir nämlich aus schol. Lykoph. 610 wissen, erzählte Mimnermos (Bergk fg. 22) folgendes: Die über ihre Verwundung durch Diomedes entrüstete Aphrodite verleitete seine Gattin, die Aigialeia, zum Ehebruch mit Hippolytos und Kometes. Als er nach Argos zurückkehrte, entging er den Nachstellungen seiner Gattin nur dadurch, dass er sich an den Altar der Hera flüchtete. Darauf fuhr er nach Italien zu Daunos, der ihn mit Hinterlist ermordete. Es ist unglaublich, dass Mimnermos dies erfunden habe. Vielmehr scheint, vorausgesetzt dass wir alle Worte des Scholions dem Mimnermos geben dürfen, was nicht ganz sicher ist, die Sage zu seiner Zeit schon eine sehr bekannte gewesen zu sein. Nur das Epos kann sie geschaffen haben, und zwar findet sie am besten ihre Stelle in den Nostoi des Agias.

Erinnern wir uns jetzt an den Zug der kyklischen Dichtung, Helden wie Achilleus, Menelaos, ja leere Gestalten wie Telegonos, nach ihrem Tode auf Inseln weiter leben zu lassen. Rohde, Psyche S. 83, führt aus, dass in der Vorstellung der Dichter allen Helden der Sage fast ein Anspruch auf diese Art von unsterblichem Weiterleben erwachsen war, der für die Bedeutenderen erst recht nicht unbefriedigt bleiben konnte; wenigstens für die nicht, über deren Ende die homerischen Gedichte selbst nicht andere Auskunft gegeben hatten. Das Gedicht von der Rückkehr der Helden von Troia mochte vor andern Raum bieten zu manchen Entrückungen. Man könnte z. B. fragen, ob nicht mindestens den Diomedes bereits die an Homer angeschlossene epische Dichtung in die Zahl der ewig fortlebenden Helden aufgenommen hatte.

Diese Vermutung gewinnt grosse Wahrscheinlichkeit, wenn wir folgende Stellen ins Auge fassen: Ibykos (schol. Pindar. X. Nem. Od. v. 12) sagt: Diomedes, die Hermione heiratend, wurde mit den Dioskuren zum Gott gemacht; denn er lebt auch mit ihnen. Bei Pindar, Nem. Od. X v. 12, lesen wir: Athena machte den Diomedes zum Gott. Endlich nach dem 10. Skolion des Kallistratos lebt Diomedes mit Achilleus auf den Inseln der Seligen (Bergk P. L. III. p. 646). Daraus dürfen wir wohl schliessen, dass Diomedes in einem der epischen Gedichte, am wahrscheinlichsten in den Nostoi, wie Achilleus in der Aithiopis die Unsterblichkeit erlangt habe. In der Thebais scheint nun gestanden zu haben, dass Tydeus die Athena um Unsterblichkeit für seinen Sohn bat. Deshalb ist wohl die Vermutung erlaubt, dass, wie bei Pindar, so auch im Epos Athena dem Diomedes die Unsterblichkeit verliehen habe.

Jetzt fragt es sich, wo wir uns den Diomedes unsterblich weiter lebend zu denken haben. Kallistratos nennt die Inseln der Seligen; dies ist eine spätere Vorstellung. Vielmehr scheint es, dass er nach der sogenannten Diomedischen Insel in der Nähe des mons Garganus entrückt wurde, was damit vortrefflich übereinstimmt, dass er auf italischem Boden, in Daunien, dem Epos nach seinen Tod gefunden hat. Auf jener Insel nämlich wird Diomedes wie ein Gott verehrt; auch befindet sich auf derselben ein ihm geweihtes Heiligtum; vgl. Aristoteles II, θαυμ. ἀκ. 79 und schol. zu Pindar. Nem. Od. X v. 12[44]).

Um solche Heiligtümer und Gräber dachte man sich

---

[44]) In den Ländern um das adriatische Meer soll nur um das Heiligtum des Diomedes die Platane vorkommen: Theophr. h. pl. 4. 56, Plin. 12, 6; vgl. Hehn, Kulturpflanzen S. 238.

früh die in Vögel verwandelten Gefährten des Helden wohnend. Anlass zu solchen Sagen mag der Umstand gegeben haben, dass an solchen einsamen Orten am Meer oder auf Inseln Scharen von Seevögeln zu nisten pflegen.

Die Sagen über die Verwandlung der Gefährten des Diomedes lassen sich in zwei Gruppen scheiden; zur ersteren, der älteren, gehört hauptsächlich Antoninus Liberalis XXXVII, zur letzteren Vergil Aen. VIII, 8 ff., XI, 225 ff. und Ovid, Metam. XIV, 457 ff. Lykophron, Alex. 502 ff. und 1056 ff. nimmt eine Mittelstellung ein.

Antoninus erzählt: Diomedes, nach der Zerstörung von Troia nach Argos zurückgekehrt, macht seiner Frau Vorwürfe wegen Ehebruchs. Darauf geht er nach Kalydon in Ätolien, tötet den Agrios und seine Söhne und giebt seinem Grossvater die Herrschaft zurück. Als er wieder nach Argos fahren will, wird er vom Sturm ins jonische Meer verschlagen. Dort erfährt Daunios, der König der Daunier, seine Ankunft und bittet ihn, mit ihm gegen die Messapier zu kämpfen[45]), indem er ihm seine Tochter und einen Teil des Landes verspricht. Diomedes geht den Vertrag ein, besiegt die Messapier, nimmt das Land in Besitz und verteilt es an seine Dorer. Mit der Tochter des Daunios zeugt er zwei Söhne, den Diomedes und den Amphinomos. Nach seinem Tode bestatten ihn die Dorer auf einer Insel, die sie Diomedeia nennen. Sie selbst bebauen ihr Land, das wegen ihrer Kenntnisse im Ackerbau viele Frucht bringt und so den Neid der illyrischen Barbaren erregt. Als sie daher auf jener Insel opfern, werden sie von den Illyriern erschlagen. Durch den Willen des Zeus verschwinden die Körper; die Seelen werden in Vögel verwandelt. Und jetzt noch, wenn ein griechisches Schiff

---

[45]) Den Diomedes zu Pferd, gegen die Messapier kämpfend, wollte Gerhard mit Unrecht in einem unteritalischen Vasenbild erkennen; Apul. V. 1.

landet, kommen sie heran, vor einem illyrischen dagegen fliehen sie und verschwinden alle auf der Insel.

Das Scholion zu Lykophron v. 592 (Kinkel p. 125) giebt eine Paraphrase des Lykophron, schliesst sich aber darin an die ältere Version an, dass nach ihm Diomedes von Daunos getötet wird, und dann erst die Gefährten, die den Helden beweinen, in schwanenähnliche Vögel verwandelt werden.

Betrachten wir jetzt den Grund genauer, warum Diomedes die Heimat verlässt. Die meisten Notizen finden ihn im Ehebruch seiner Gattin. Im einzelnen weichen sie von einander ab.

Didymos hatte berichtet (Schmidt p. 361), dass Aigialeia mit Oiax, dem Sohne des Nauplios, in Ehebruch lebend, ihren Gemahl nicht habe zurückkehren lassen [46]).

Servius (z. Aen. VIII, 9) erzählt, Diomedes sei, weil er gehört, dass seine Gattin in Argos schimpflich lebe, nicht dorthin zurückgekehrt, sondern sei nach Italien gefahren. Der erweiterte Servius fügt hinzu, sie habe nach Lucilius mit Kylarabas, nach andern mit Kometes gelebt, und es gäbe noch eine andere Version, dass er eben von jenen Ehebrechern vertrieben worden sei.

Rationalistisch ausgedeutet ist die Vertreibung des Diomedes aus Argos bei Diodor VII, 1, b. Aigialeia wird ihrem Gemahl von ihren Verwandten entfremdet, die sie zur Rache gegen ihn aufstacheln. Sie wollen ihn zusammen mit Aigisthos, der eben die Herrschaft in Mykenai erlangt hat, töten, indem sie ihm vorwerfen, er beabsichtige die Adligen aus der Stadt zu vertreiben und dafür seine ätolischen Verwandten anzusiedeln. Da die Anklage Glauben gewinnt, wird Diomedes vertrieben und flieht mit seinen Anhängern aus Argos.

---

[46]) Nach schol. Lyk. 1093 (ähnlich Dictys VI, 2) ist es nicht Aphrodite, welche die Treulosigkeit der Aigialeia bewirkt, wie in den andern Versionen, sondern Nauplios, der auch den Ehebruch der Klytaimnestra veranlasst, und zwar aus Rache für seinen Sohn Palamedes.

Antoninus, der alle Diomedesgeschichten vereinigen will, kennt auch den Ehebruch der Aigialeia, wie wir gesehen haben, aber nicht mehr als Grund, warum Diomedes Argos verlässt, sondern dieser wird auf der Rückkehr vom ätolischen Zuge durch Sturm ins jonische Meer verschlagen.

Über den Tod des Diomedes berichtet Strabo VI p. 283. 284, er sei in Apulien gestorben, oder man sage, er sei auf der Diomedischen Insel verschwunden, und seine Gefährten seien in Vögel verwandelt worden[47]).

Die behandelten Sagen scheinen mir die ältere Version zu bilden, denn, wie im Epos, ist in ihnen Diomedes ein Argiver; er wird von seiner Gattin aus Argos vertrieben; er wird auf der Diomedischen Insel begraben; seine Genossen werden erst nach seinem Tode verwandelt; von der Gründung von Argyrippa ist noch nicht die Rede.

Die zweite Gruppe bilden Vergil und Ovid. Nach ihnen sind Diomedes und seine Gefährten Ätolier; das Hauptinteresse liegt auf der Verwandlung, die vor dem Tode des Diomedes auf der von Aphrodite verhängten Irrfahrt vor sich geht.

Bei Vergil wird Venulus von Turnus und den latinischen Königen zu Diomedes nach der Stadt Argyrippa um Hilfe geschickt. Aber ihre Bitte wird abgeschlagen. Die Gesandten melden dem versammelten Kriegsrat, sie seien nach Argyrippa gekommen, das der Besieger des Garganus in japygischer Flur gegründet. Diomedes aber habe die Bitte abgelehnt mit den Worten: Die Griechen hätten genug Strafe für ihr Vergehen vor Troia bezahlt; ihm hätten es zwar die Götter vergönnt, seine Gattin und das schöne Kalydon wiederzusehen, aber die verlorenen

---

[47]) Derselbe Strabo erwähnt auch, Diomedes sei wieder nach Argos zurückgekehrt und dort gestorben; diese Version ist wohl aus dem Grunde erdichtet worden, weil Diomedes in Argos als Heros verehrt wurde.

Genossen seien als Vögel in die Lüfte entschwunden und irrten an den Flüssen umher und füllten die Klippen mit Geschrei. Diese Strafe komme daher, dass er die Venus verwundet habe; er wolle deshalb nicht mit ihrem Sohne Aineias kämpfen, der unter den Troern der beste und frömmste Held gewesen, sondern er rate den feindlichen Parteien, sich zu versöhnen.

Ähnlich lautet die Erzählung bei Ovid. Nur wird natürlich bei ihm die Verwandlung noch ausführlicher geschildert. Venus legt dem aus den väterlichen Gefilden vertriebenen Diomedes unzählige Mühen zu Wasser und zu Lande auf. Die Genossen verlangen endlich ein Ende der Irrfahrt. Aber Akmon aus Kalydon fordert sie zum mutigen Ausharren auf, indem er die Venus mit höhnischen Worten reizt. Eben will Diomedes ihn tadeln, da verwandelt Akmon sich schon in einen Vogel und mit ihm der grössere Teil der Gefährten, und sie entflattern in die Lüfte.

Ich versuche die Gründe anzudeuten, warum sich die alte Sage änderte. Die Verwandlung der Gefährten wird als Strafe der Venus angesehen und muss bei Vergil und Ovid den Grund dafür abgeben, warum Diomedes sich weigert, gegen Aineias zu kämpfen. So wird es uns klar, warum Vergil und Ovid die Verwandlung vor den Tod des Diomedes legen. Aber die Veränderung der Sage stammt nicht von den römischen Dichtern, sondern es ist wohl ein alexandrinisches Vorbild, dem sie folgen, anzunehmen. Sehen wir nun, warum die Alexandriner von der älteren Version abwichen. Apulien erscheint im 4. Jhdt. hellenisiert. In dieser Zeit wurde wohl die Sage von dem einstigen Aufenthalt des Diomedes in diesen Gegenden begierig aufgenommen; man wollte die griechischen Ansprüche auf das Land auf ihn zurückführen, an ihn sein Geschlecht anknüpfen; er wird zum Gründer von Arpi gemacht, dessen Namen man durch Erfindung einer Zwischenform Argyrippion mit Argos hippion zusammenbringt. Ein Nachkomme des Diomedes, Dasios, aus Argyrippa stammend, wird genannt Appian, Han. 31. Es bürgert sich die Sage ein, Diomedes sei im Lande geblieben. Dieser Sage tragen die Alexandriner Rechnung; wenn sie also die Verwandlung der Gefährten darstellen wollten, mussten sie dieselbe vor den Tod des Diomedes legen. Wenn dagegen in dieser Version die Gefährten des Diomedes als Ätolier erscheinen, so ist dies wohl nur dichterische Willkür, vielleicht dadurch veranlasst, dass Euripides den Diomedes in Ätolien leben lässt.

Lykophron schliesst sich in der Hauptsache der zweiten Version an, bewahrt jedoch auch Züge der ersten und fügt endlich ganz neue hinzu. Seine Prophezeihung verwandeln wir in Erzählung. Die Gattin des Diomedes, Aigialeia, ist infolge des Zorns der Aphrodite ehebrecherisch und will den heimkehrenden Gatten ermorden. Er entkommt zum Altar der Hera und segelt darauf nach Italien. Auf dem Wege muss er die Verwandlung der Gefährten mitansehen. In Italien hilft er dem belagerten Daunos und gründet Argyrippa. Später stellt ihm Daunos die Wahl, ob er die Kriegsbeute oder das ganze Land haben wolle. Alainos, der Stiefbruder des Diomedes, spricht ihm als Schiedsrichter aus Liebe zur Tochter des Daunos das Land ab. Darauf verflucht er es, es solle keine Frucht tragen, ausser wenn ein Ätolier dasselbe bebaue, und stellt rings um das Land Säulen, die keiner von der Stelle rücken kann. Wenn sie ins Meer gestürzt werden, kehren sie wieder an ihren Platz zurück. Später fordern die Ätolier den Landanteil des Diomedes als ihr Eigentum; die Gesandten werden aber von den Dauniern lebendig begraben. Wie wir diese Erweiterung der Sage durch Lykophron erklären sollen, weiss ich nicht. Jedenfalls haben wir keinen Grund, mit Lübbert, der Kult des Diomedes in Unteritalien § 10, auf einen historischen Hintergrund, nämlich auf einen alten Verkehr der Daunier und Ätolier, zu schliessen.

Der Stufengang der einzelnen Versionen ist noch in der Sage von der Verwandlung der Gefährten klar nachzuweisen. In der älteren Version des Antoninus werden die Seelen der Erschlagenen nach dem Willen des Zeus zu Vögeln, die auf den Diomedischen Inseln wohnen. Im schol. zu Lykophron werden die ihren Herrn bejammernden Gefährten in Reiher verwandelt. Endlich in der poetischen Version ist die Bedeutung der Verwandlung ganz verändert; sie erscheint als eine Strafe. Die Vögel sind an keinem bestimmten Ort lokalisiert.

In das Leben der Vögel auf der Diomedischen Insel werden eine Reihe märchenhafter Züge hineingetragen, die das Interesse der alten Naturhistoriker erregten und uns so erhalten sind. (Aristot. π. θαυμασ. ακουσμ. 79, Aelian V. H. I, 1, Juba bei Plin. X, 126; Antigonos 172 (188).

Sie führen ein menschliches Leben nach der Ordnung ihrer Lebensweise (Strabo p. 183; Lykoph. 603 und schol.). Sie bewohnen die Diomedische Insel wie eine Stadt, morgens benetzen sie die Gegend mit ihren Flügeln und gehen dann auf Beute aus; die gewonnene Beute legen sie zusammen und verteilen sie unter sich.

Ein märchenhafter Zug ist, dass Tiere, besonders Haustiere, mit einem feinen Gefühl begabt erscheinen, ob der Mensch, den sie vor sich haben, gut oder bös ist (s. Marx, Märchen von dankbaren Tieren S. 83). Auch die Diomedischen Vögel sind gegen gute Menschen zahm, vor bösen fliehen sie (Strabo p. 283, eine Stelle, die Marx entgangen ist). Die gewöhnliche Wendung ist jedoch die, dass sie vor Barbaren fliehen, bei Griechen aber bleiben, sich an sie anschmiegen und Nahrung von ihnen nehmen. Nach Aristoteles a. a. O. stürzen sie sich sogar auf die Köpfe der ankommenden Barbaren herab, verwunden sie mit den Schnäbeln und töten sie (s. Marx a. a. O. S. 123) [48].

---

[48]) Ähnlich ist die Geschichte bei Arist. π. θαυμ. ακ. 109, die

Genaueres berichtet Juba a. a. O. über das Leben jener Vögel: Ein Führer führe ihren Zug an; einer schliesse ihn. Sie grüben mit ihren Schnäbeln Löcher, bedeckten sie mit Reisig und Erde und brüteten darin u. s. w.

Es scheint mir nach den obigen Ausführungen wahrscheinlich, dass die Dichtung zuerst den Diomedes in diese Gegenden gebracht hat, und dass sich infolge der Dichtung auf der Diomedischen Insel ein Kult entwickelte, der dann auch nach Argyrippa übertragen wurde. Jedenfalls scheint dieses der Ausgangs- und Mittelpunkt des Diomedeskultes in Italien zu sein. Lübbert, in dem schon genannten Aufsatze § 9, erklärt die Sache ganz anders. Wir hören bei Strabo (XIV p. 654), dass Salapia, das in der Nähe von Arpi liegt, eine Kolonie der Rhodier sei: Eine andere Überlieferung bei Vitruv (I, 4, 12) sagt, dass Diomedes die Stadt auf seiner Rückkehr von Troia gegründet habe. Dies kombiniert Lübbert und meint, die Rhodier, die dorische Kolonisten sind, hätten ihren dorischen Heros Diomedes nach Salapia gebracht, und die Sage von der Gründung durch Diomedes sei dann auch auf das benachbarte Arpi übertragen worden. Eine Spur von diesem Verhältnis zeige sich darin, dass bei Antoninus die Begleiter des Diomedes Dorer hiessen. Dagegen ist zu sagen: Diomedes ist kein dorischer Heros. Ferner: Die Nachricht, dass die Rhodier Salapia gegründet haben, ist historische Überlieferung. Diese darf nicht mit der Sage, Diomedes sei der Gründer, zusammengeworfen werden, wie sie auch Vitruv auseinanderhält, und wie wir auch z. B. für die Gründung von Metapont zwei solche Konkurrenzerzählungen haben. Jene Sage aber ist so entstanden, dass man den Ursprung von Salapia auch in uralte Zeit hinaufrücken und an den in diesen Gegenden durch die Sage schon längst angesiedelten Diomedes anknüpfen wollte.

Marx a. a. O. übersehen hat: In Apulien, sagt man, seien Hunde, welche den ankommenden Griechen kein Unrecht thun, sondern sie umwedeln.

Wenn Antoninus die Begleiter des Diomedes Dorer, diejenigen, welche sie töten, Illyrier nennt, so haben wir in dieser Namengebung vielleicht eine historisierende Kombination zu sehen, die die historische Thatsache, dass in jener Gegend Dorer wohnten, und die Sage von dem Aufenthalt des Diomedes verschmolz. Ob die Illyrier mit Helbig, Hermes XI p. 266, so zu erklären sind, dass darin die einheimische Tradition der Japygen, sie stammten aus Illyrien, Ausdruck gefunden habe, lasse ich dahingestellt. Im allgemeinen ist zu sagen, dass jene Fabulisten nicht zu sehr auf die Folter gelegt werden dürfen, um ihnen historische Zeugnisse zu erpressen.

Ehe ich auf die weiteren Ausführungen Lübberts eingehe, sammle ich die Notizen, die über Städtegründungen und Kult des Diomedes in Italien handeln.

Als Gründungen des Diomedes werden betrachtet: Arpi (Strabo VI p. 283; Dio Cass. frg. 2, 3; Plin. III, 104); Benevent (Serv. zu Verg. Aen. XI, 246, VIII, 9; Procop. de bell. Goth. I, 5); Brundisium (Justin XII, 2); Canusium (Serv. Aen. XI, 246); Equus Tuticus (Servius VIII, 9); Lanuvium (Appian de bell. civ. II, 20)[49]); Venafrum (Serv. XI, 246); Salapia (Vitruv I, 4, 12); Sipontum (Strabo VI p. 284); Venusia (Plin. III, 104; Serv. XI, 246). Auch Tyde in Spanien soll Diomedes gegründet haben, und zwar vor seiner Ansiedlung in Daunien, s. Sil. Ital. 3, 367 u. 16, 368; vgl. Dionys. Perieg. 483. Hier liegt die etymologische Spielerei Tyde-Tydides auf der Hand[50]).

[49]) Auch Luceria galt wohl als Gründung des Diomedes; dorthin soll er das Palladion gebracht haben; vgl. Strabo VI. p. 264.
— [50]) Auch nach Afrika soll Diomedes gekommen sein. Pseudo-Plut. Parallel Graec. et Rom. no. 23 erzählt, angeblich nach Juba, Lybica: Nach der Zerstörung von Troia wird D. nach Lybien verschlagen, wo der König Lykos die Fremden seinem Vater Ares zu opfern pflegte. Seine Tochter Kalirrhoe liebt den D.; sie rettet ihn, indem sie seine Fesseln löst. Doch er kümmert sich nicht um seine Wohlthäterin; sie erhängt sich.

Göttliche Verehrung geniesst Diomedes auf der Diomedischen Insel, in Argyrippion, Metapont und Thurii (Polemon bei schol. Pindar. X. Nem. Od. 12).

In Tarent werden den Atriden, Äakiden, Tydiden und Laertiaden als Heroen Totenopfer dargebracht (Arist. π. θαυμ.. ἐκ. 106).

Bei den Enetern werden ihm göttliche Ehren erwiesen; es wird ihm ein weisses Pferd geopfert; sie sagen, er sei bei ihnen verschwunden (Strabo V, p. 216; VI, 283 und 284).

Die Umbrer verehren den Diomedes, weil sie Wohlthaten von ihm empfangen haben, und es ist ein Tempel von ihm dort: Skylax, Peripl. 16.

Wir prüfen jetzt die Lübbertschen Untersuchungen über den Kult des Diomedes in Unteritalien, die sich meistens an Klausen, Äneas und die Penaten, anlehnen.

Zunächst will Lübbert beweisen, dass der Diomedeskult seinen Ausgang von Sybaris genommen, und dass er nach Sybaris von den Troezeniern übertragen worden sei.

Wir hören, dass der Gründer von Sybaris ein Achäer war; dass aber bei der Gründung von Sybaris nicht nur Achäer, sondern auch Trözenier teilgenommen haben, die jedoch später vertrieben wurden. Zuerst will nun Lübbert zeigen, dass in Trözen der Kult des Diomedes bestanden habe, und zwar vor 721, der Gründung von Sybaris. Wir lesen bei Pausanias an verschiedenen Stellen (II, 32, 1; 32, 2; 24, 2), dass Diomedes dem Hippolytos, dem Sohne des Theseus, einen Tempel in Trözen gegründet habe; ferner dass ein Tempel des Apollon in Trözen eine Stiftung des Diomedes sei, die er gemacht, nachdem er dem Sturm entkommen, der die Griechen nach der Zerstörung Troias befiel; endlich soll er in dieser Stadt dem Apollon zuerst pythische Spiele eingerichtet haben. Dies sind offenbar Lokalsagen von Trözen, deswegen erfunden, weil Diomedes schon Il. B. 565 auch die Troczenier führt; dass dem Dio medes dort göttliche Ehren zu Teil wurden, beweisen sie keineswegs.

Dies trotzdem angenommen, bedenke man, dass die Trözenier nur einen Teil der Gründer von Sybaris bildeten, und dass sie bald wieder von den Achäern vertrieben wurden. Es wäre doch äusserst seltsam, wenn die Achäer die ihnen feindlichen Dorer verstossen, aber ihren Diomedeskultus behalten hätten. In Sikyon z. B. wird, sobald das achäische Element unter Kleisthenes die Oberhand gewinnt, der Kult des argivischen Adrastos abgeschafft.

Nun ist es endlich gar nicht überliefert, dass in Sybaris ein Kult des Diomedes vorhanden war. Dass er in Metapont bestand, das auf Veranlassung der Sybariten gegründet wurde, beweist nichts; denn wir finden ihn ja auch in anderen Städten, die mit Sybaris in keinem Zusammenhang stehen, z. B. in Arpi; dagegen wissen wir, dass Thurii, das auf dem Boden von Sybaris gegründet wurde, den Kult hatte, und es ist deshalb die Möglichkeit gegeben, dass er auch schon in Sybaris üblich war. Der Nachweis aber, die Trözenier hätten ihn dorthin verpflanzt, ist nicht erbracht.

Für trözenischen Ursprung dieses Kultes glaubt Lübbert, noch einen andern Nachweis führen zu können. Wie wir oben gesehen, verflucht bei Lykophron Diomedes das Land der Daunier, dass es keine Frucht bringe. Daraus schliesst Lübbert, dass Diomedes in besonderer Gunst bei Demeter und Persephone gestanden habe, also dass der Kult des Diomedes mit dem der Demeter und Persephone verbunden gewesen sei. Demeter und Persephone hätten nun den Beinamen Hermione gehabt, was er einer Glosse des Hesych entnimmt. Ἑρμιόνη καὶ ἡ Δημήτηρ καὶ ἡ Κόρη ἐν Συρακούσαις καὶ πόλις ἐν Ἄργει καὶ ἡ θυγατὴρ Μενελάου. Nun findet sich ferner Diomedes mit Hermione, d. h. Demeter, zusammenlebend (in der Stelle des Ibykos); diese Version könne nur in der Stadt Hermione entstanden sein und sei von hier auf Trözen übertragen worden. Daraus gehe hervor, dass der italische Diomedes kein anderer als der trözenische sei. Es lohnt sich nicht der Mühe, dies im einzelnen zu widerlegen. Ich bemerke nur, dass Diomedes mit Hermione und den Dioskuren zusammenlebt, woraus klar hervorgeht, dass unter Hermione nicht die Stadtgöttin, sondern die Tochter des Menelaos zu verstehen sei. Diese beiden haben nichts mit einander zu thun und sind auch in der Sage immer auseinander gehalten worden.

Zweitens untersucht Lübbert, von welchem Teil der Kolonisten in Metapont der Diomedeskult mitgebracht worden sei. Der Kult des Diomedes in dieser Stadt sei hervorgegangen aus der Verschmelzung der Kulte 1. des argivisch-trözenischen, 2. des ätolischen, 3. des achäischen Diomedes.

Wir hören, dass Metapont zuerst von den Pyliern unter Nestor gegründet worden sei. Ein Andenken daran sei ein Totenopfer für den Neliden. Zum zweitenmal sei es besiedelt worden von Achäern unter Daulios oder Leukippos; diese hätten die Sybariten gegen das dorische Tarent herbeigerufen.

1. Der Kult des trözenischen Diomedes sei von den Sybariten dorthin verpflanzt worden. Wie es sich damit verhält, glaube ich gezeigt zu haben.

2. Der ätolische Diomedes sei von den Ätoliern gebracht worden. Dass diese überhaupt bei der Gründung beteiligt waren, davon wissen unsere ausführlichen Gründungsberichte nichts. Lübbert schliesst es aus einer Münze, die das Bild des Acheloos zeigt mit der Beischrift Ἀχελοίο ἆθλον. Unter diesem Acheloos ist aber weder der ätolische noch der elische zu verstehen, jedenfalls nicht der erstere (s. das weitere bei Lübbert selbst). Überdies berechtigt uns nichts, einen Kult des Diomedes in Ätolien anzunehmen.

Es bleiben noch die Achäer übrig. Auch diese hätten ihren Diomedes mitgebracht; dieser sei nämlich kein anderer als Leukippos, der als Gründer der Stadt genannt wird. Der Name Leukippos hängt nämlich mit ἵππος zusammen, und Diomedes wird überall mit Rossen zusammengebracht. Ferner zeigt eine Münze auf der einen Seite den Leukippos, auf der andern eine Ähre, gerade wie der Diomedeskult mit dem Demeterkult verbunden sei. Beweise für die Identität sind dies keine.

Für die übrigen Städte, als deren Gründer Diomedes gilt, kann auch Lübbert nicht nachweisen, dass Diomedes von argivischen oder ätolischen oder achäischen Kolonisten gebracht sei. Er nimmt deshalb an: „Alle Griechen, die nach Italien ziehen, nehmen den Diomedes als ihren Heroen mit und verherrlichen ihn als Gründer ihrer Städte." Vielmehr hätte er daraus schliessen sollen, dass seine Theorie, in jeder Stadt, wo sich der Kult des Diomedes findet, oder die als seine Gründung gilt, sei er von den Gründern gebracht worden, falsch sei.

Ich selbst vermag die Frage, wann und unter welchen Umständen der Diomedeskult in jene griechischen Kolonien eindrang, nicht zu beantworten.

Dass dagegen italische Städte, besonders des südöstlichen Italiens, den Diomedes zu ihrem Gründer machten, erkläre ich aus dem seit dem 4. Jahrhundert aufkommenden Streben, den Ursprung der Städte an griechische Helden anzuknüpfen. Es wundert uns nicht, dass man gerade den Diomedes wählte, den die Sage früh in jene Gegenden hatte kommen lassen. Im einzelnen vermögen wir Genaueres nicht zu erkennen. Manchmal mochten auch etymologische Spielereien mitwirken, so bei Venusia, das er gegründet haben soll, um die erzürnte Venus zu versöhnen.

Den Grund, warum man ihn für den Gründer von Lanuvium hält, sieht Preller, Röm, Myth. I, 282 darin, dass man dort die argivische Juno verehrt habe. Aber die lanuvinische Juno hat mit der argivischen nichts zu thun, und nicht mit der Juno, sondern der Athena wird Diomedes gewöhnlich zusammengebracht.

Die göttliche Verehrung des Diomedes bei den Oskern und Venetern ist wohl aus der Verschmelzung des Diomedes mit einem einheimischen Heros zu erklären.

Dunkel ist es, warum ihn die Phäaken oder Korkyräer verehrten. Er soll den kolchischen Drachen, der aus Kolchis zu jenen gekommen war, um sein Vliess zu suchen, getötet und dafür göttliche Ehren erlangt haben. Lykoph. 632 ff., schol. Lyk. 680. Herakleides de re publ. XXVII.

Endlich mag noch Erwähnung finden, dass Julius Antoninus, der Sohn des Triumvirn, eine Diomedeia in zwölf Büchern verfasste, über deren Inhalt uns leider nichts bekannt ist. Sie mochte die italischen Schicksale des Diomedes, vielleicht auch seine Städtegründungen enthalten haben. Ein griechisches Original kennen wir nicht und brauchen wohl auch keines anzunehmen. Juvenal (I, 53) stellt den Stoff als einen geläufigen mit der Heraklea zusammen.

Verzeichnis der besprochenen oder erwähnten bildlichen Darstellungen.

Tydeus.

Seite

1. Chalkidische Vase aus Nola (Tydeus und Polyneikes bei Adrastos); abg. annali XI. tav. P. (1839) = Overbeck. Heroische Gallerie, T. III, ₄ = Archäolog. Zeitung 1866, T. 206 = Baumeister, Denkmäler I. Abb. 19 5
2. Etruskische Gemme (Streit zwischen Amphiaraos und Tydeus); abg. Overbeck H. G. III ₂ 6
3. Etruskischer Spiegel (Streit zwischen Amphiaraos und Tydeus); abg. Overbeck H. G. III ₃ und Gerhard, Etruskische Sp. 1 T. 78 7
4. Schwarzfigurige Vase (Lykurgos und Tydeus im Streite?); abg. Arch. Ztg. 1854 T. 67 8
5. Schwarzfigurige Vasen (Achilleus - Troilos oder Tydeus-Ismene??)
   a) abg. Gerhard, etrusk. und kampan. Vasenbilder T. E. 11 = Overbeck H. G. T. III ₂.
   b) abg. Gerhard a. a. O. Taf. E ₁₀.
   c) „ „ „ „ T. E ₉ 9
6. Korinthische Vase (Tydeus, die Ismene ermordend); abg. Monumenti dell' Instit. VI tav. XIV 9
7. Etruskische Gemmen (Tydeus verwundet?):
   a) abg. Overbeck H. G. T. V ₇.
   b) abg. Winckelmann Monumenti inediti n. 107 = Galler. mythol. 140 ₅₀₀.
   c) abg. Mikali, Storia tav. 116. 3 9
8. Gemme (Tydeus mit dem Haupte des Melanippos); abg. Overbeck H. G. T. V ₁₀ 10
9. Sarkophagrelief (Leichen des Tydeus, Polyneikes etc.); abg. Robert, Sarkophagreliefs II T. LX n. 184 11

10. Rotfigurige Amphora (Der sterbende Meleagros);
Heydemann, Neapler Vasens. 8. Santangelo no. 11,
abg. Bulletino arch. Nap. VIII. t. VI 16

Diomedes.

1. Korinthischer Pinax (Zweikampf des Diomedes und Aineias),
Berlin n. 764;
abg. Ant. Denkmäler I T. 7, 15 33
2. Schwarzfigurige Vase (= 1);
abg. Gerhard, Auserles. Vasenb. 194 34
3. Rotfigurige Vase (= 1);
abg. Journal of Philol. 1877 t. B 34
4. Attische Lekythos (Waffentausch zwischen Diomedes und Glaukos);
abg. Overbeck H. G. XVI 18 = Stackelberg, Gräber der Hellenen XI. 1 35
5. Gemmen (= 4),
abg. Overbeck H. G. T. XVI. 6. 7 35
6. Marmormonochrom aus Herkulaneum (Diomedes und Nestor?);
abg. annali XVI. t. E. 35
7. Françoisvase (Diomedes im Wagenrennen zur Leichenfeier des Patroklos);
abg. Monum. d. Inst. IV 54—59 = Benndorf, Wiener Vorlegeblätter 1888 T. II—I. 36

Dolon, Diomedes und Odysseus:

8. a) Candelor. Amphora, München n. 583;
abg. Lau, Griech. Vasen Taf. 10, 7—7d, Taf. 11. 4, 4a 37
9. b) Thonsarkophag aus Klazomenai;
abg. Antike Denkm. I T. 44 37
10. c) Schwarzfigurige Vase;
abg. Inghirami, Gallor. Omer. T. 105 38
11. d) Rotfigurige Vase, Kaiserl. Eremitage in Petersburg n. 879;
abg. annali 1875 tav. Q 38
12. e) Euphroniosvase;
abg. Monum. d. Inst. II. tav. 10 38
13. f) Rotfigurige Vase, Neapel S. A. 20 B (Heydemann),
unpubliziert 38
14. g) Rotfigurige Vase (??);
abg. Overbeck. H. G. T. XVII 3 38
15. h) Rotfigurige Vase (Diomedes und Odysseus auf dem Spähergange??);
abg. Arch. Ztg. 1877. Γ. 5 38

16. i) Hellenistisches Relief; Matz-Dulm no. 3737,
    abg. Schreiber, Hellenist. Reliefb. T. 45;
17. k) Gemmen;
    abg. Overbeck H. G. T. XVI 11 = Inghirami, Gall.
    Omer. t. 107,
    annali 1875, tav. Q. 3. 4. u. a. 38
18. Rotfigur. Vase aus Ruvo (Ermordung des Rhesos), Neapel
    n. 2910;
    abg. Overbeck H. G. XVII, 5 39
19. Candelorische Amphora (Diomedes im Zelt mit den Rossen
    des Rhesos??);
    vgl. 8 a) 39
20. Rotfigurige Vase des 5. Jahrhdts. (Zweikampf des Hektor
    und Diomedes),
    abg. Gerhard, Auserlesene Vasenb. 192 39
    Diomedes im Kampfe um die Leiche des Patroklos:
21. a) Archaische Vase, München no. 53 (unpubliz.) 40
22. b)   „   „   abg. Gerh. A. V. 190 40
23. c) Rotfigur. Vase des Oltos und Euxitheos, Berlin n. 2264;
    abg. Overbeck H. G. T. XVIII, 3 40
    Gesandtschaft an Achilleus:
24. a) Archaische Vase, Berlin 2121;
    abg. Arch. Ztg. 1881, T. 8, 2 41
25. b) Rotfigur. Vase;
    abg. Monum. d. Inst. VI. T. 21 41
26. c) Skyphos des Hieron;
    abg. Monum. d. Inst. VI. 19 41
27. d) Athen. Aryballos;
    abg. Arch. Ztg. 1881, T. 8, 1 41
28. Chalkidische Amphora (Kampf um die Leiche des Achilleus);
    abg. Mon. d. Inst. I, T. 51 = Overbeck H. G. XXIII, 1   44
29. Korinth. Alabastron (Odysseus und Diomedes finden die
    Leiche des Aias);
    abg. Monum. d. Inst. VI, 33 44
30. Rotfigur. Amphora (Lykomedes und Diomedes?);
    abg. Passeri, Pict. Etrusc. II t. 182 54
31. Sarkophagrelief (Lykomedes, Achilleus, Diomedes, Odysseus);
    abg. Robert, Sarkophagreliefs T. IX, 21, a 54
32. Pompeian. Wandgemälde (die Entdeckung des Achilleus durch
    Odysseus und Diomedes);
    abg. Helbig P. W. 1296—99; 1301—1302,
    „   Sogliano P. m. 572, 573 54

Seite

33. Sarkophagreliefs (Entdeckung des Achilleus etc.);
   abg. Robert, Sarkophagrel. T. VI—XX 55
34. Reliefs auf etrusk. Aschenurnen (Philoktetes, Odysseus und
   D. auf Lemnos);
   abg. Brunn, Urne etrusc. T. 69—72 7;
   Milani, Filottete, t. III 55
35. Sarkophagrelief (Philoktetes, Neoptol. oder Diomedes);
   abg. Robert, Sarkophagr. T. LI 56
36. Thonlampe (Philoktetes, Odysseus, D.)
   Robert, Sarkophagr. S. 149 56
37. Rotfigur. Vase (Tod des Agrios);
   Inghirami v. f. I. 60. Catal. of the vas. in the Brit. Mus.
   II, 1362 62
38. Polychrome Amphora in Petersburg (Tod des Agrios);
   Vogel, Euripides auf Vasen S. 127 62
39. Lukan. Vase (Ergreifung des Dolon):
   abg. Overbeck, H. G. XVII, 4. 62
40. Apulische Vase (D. gegen die Messapier kämpfend??);
   abg. Gerhard, Apul. V. 1 66

Vita scriptoris.

Fridericus Bucherer Lahrensis die XIX mensis Quintilis anni 1868 natus sum patre Carolo, quem mortuum doleo, matre Mathilde e gente Dorner adhuc superstite. Fidem profiteor evangelicam. Litterarum elementis imbutus gymnasium urbis patriae inde ab anno 1877 frequentavi. Autumno anni 1886 testimonium maturitatis adeptus Heidelbergam me contuli, ubi per sex menses studia imprimis philologica colui. Deinde Berolini aestatem anni 1887, tum Heidelbergae tres annos degi. Interfui scholis virorum doctorum: Berolini: Delbrück, Deussen, Diels, Ebbinghaus, Furtwängler, Kirchhoff, Treitschke, Wattenbach, Zeller; Heidelbergae: Brandt, de Domascewski, de Duhn, Fischer, Osthoff, Rohde, Uhlig. Sodalis fui seminarii philologici Heidelbergensis per quater sex menses ordinarius. Exercitationibus me admiserunt: Berolini archaelogicis Robert, Heidelbergae archaeologicis de Duhn, epigraphicis Zangemeister, historicis de Domaszewski, geographicis Zangemeister, metricis et paedagogicis Uhlig, philologicis Brandt. Quibus viris doctis gratias ago quam maximas.

Dinge — jene mochten wohl nicht gern bei den drohenden Verwicklungen Deutschland verlassen, — nach Florenz zurückgekehrt sei, die Hypothese, dass der florentinische Gesandte irgendwie durch den Herzog Leopold von Oesterreich, der auf jenem Tage anwesend war, die Hand bei der Aufnahme des Artikels über das Mailänder Bündnis gehabt haben wird[1]). Es war also keine florentinische Gesandtschaft in Frankfurt, wenn man nicht etwa annehmen will, dass neben Sacchetti noch ein anderer in Deutschland gegen Mailand zu wirken beauftragt gewesen sei.

Immerhin wird der Aufenthalt Sacchettis in Oesterreich ihm insofern nützlich gewesen sein, als er so erkennen konnte, auf welche Weise der Zwiespalt im Reiche und die Feindschaft gegen Wenzel, den Gönner Galeazzos, von Florenz benutzt werden müsse. Seine daraufgehenden Ratschläge werden die Florentiner nicht unberücksichtigt gelassen haben, ohne dass wir sagen können, ob sie ihm durch Schreiben an die rheinischen Kurfürsten oder durch Gesandte nachgekommen sind.

Denn wir sehen bei den Ereignissen in Deutschland die italienischen Angelegenheiten immer mehr in den Vordergrund treten. Im Herbste 1397 hatte sich endlich König Wenzel aus Böhmen nach Deutschland aufgemacht, und einen Reichstag nach Frankfurt berufen: am 23. Dezember erschienen vor ihm die rheinischen Kurfürsten, und überreichten ihm ihre Beschwerden[2]). Und es ist hierbei merkwürdig zu sehen, wie sie sich bemühten, deren Zahl zu vermehren. Daneben ist es von hohem Interesse festzustellen, auf wen etwa die einzelnen Punkte zurückzuführen sein mögen. Art. 1, zeigt schon wegen der Bezeichnung Benedicts XIII. als des Widerpapstes den aus-

---

[1]) Auch nach dieser Gesandtschaft scheinen zwischen den Herzogen von Oesterreich und Florenz engere Beziehungen fortgedauert zu haben. Denn als schon in Italien die Nachricht von der Wahl Ruprechts eingetroffen war, handelte es sich im florentinischen Rate darum, ob man nicht bei dieser Gelegenheit eine offizielle Gesandtschaft nach Oesterreich schicken sollte. Der Antrag scheint zwar abgelehnt zu sein, aber immerhin zeigt er, welche Hoffnungen die Florentiner auf die Herzöge setzten. Siehe Beilage.   [2]) RTA III. nr. 9.

schliessich römischen Standpunkt der Opposition. Deutlicher wird uns dies durch art. 2, dass Bonifaz IX. in einer „bullen" an die Fürsten des Reichs geschrieben habe, dass Karl VI. Genua in Besitz genommen, das doch „des riches statt" sei, und dass sich Florenz mit diesem Reichsfeinde verbunden habe: beides solle Wenzel abstellen. Vielleicht mag in diesem Schreiben auch eine Aufforderung zum Romzuge[1]) gestanden haben, wie sie der Papst schon öfters an Wenzel richtete; aber warum die Fürsten nicht auch diese Beschwerde verwendeten, ist unklar. Der ganze Artikel ist also ganz sichtlich gegen Frankreich und auch gegen Florenz zu Gunsten „ander des riches stett", womit dann wohl kaum eine andere Stadt als Mailand gemeint sein kann, gerichtet.

Wie gering das politische Verständnis der Kurfürsten für die Zustände in Italien zur Zeit noch war, zeigt der nun folgende Artikel (2ª). Noch eben hatten sie Wenzel aufgefordert, gegen Florenz Massnahmen zu ergreifen; nun soll er die Erhebung Mailands zum Herzogtum rückgängig machen, d. h. unter anderem auch für Florenz Partei ergreifen. Von sich aus haben die Kurfürsten dies nicht hinzugefügt, denn die Thatsache der Erhebung war doch schon auf dem Maitage ihnen bekannt, wo sie nur die Aufhebung des Bündnisses mit Mailand verlangten, was sie ja auch jetzt wiederholten. Es muss also irgend ein Feind Mailands hier eingewirkt haben, nach Lindner wäre dies „unbedenklich" Florenz.

Diese Einwirkung konnte schriftlich geschehen sein; aber es scheint dieses nicht sehr wahrscheinlich zu sein, da man in dieser Zeit auf keinen Fall in die Endabsichten der Kurfürsten eingeweiht war; an wen hätten dann die Florentiner ihr Schreiben richten, und mit welchen Anträgen bei einer noch ganz unsicheren Angelegenheit hervortreten sollen? Dagegen konnten ja, wenn auch wohl ohne offiziell aufzutreten, florentinische Agenten in Frankfurt anwesend gewesen sein, und mit den Kurfürsten verhandelt haben[2]). Aber wie sollten diese

---

[1]) Lindner l. c. p. 504. [2]) Gino Capponi, Storia della republica di Firenze I., p. 406 verweist auf Giovanni Morelli für die Geschichte der „private diplomazia che faccano i mercanti fiorentini residenti in Alemagna" etc.

nicht den gegen sie und ihren Verbündeten, Frankreich, gerichteten Artikel 2 erkannt und zu verhindern gesucht haben? Zu dieser Frage gibt uns Artikel 4 einigen Aufschluss: „item unsers herren des königes fründe hatten Berne inne in Lamparten, do der von Meylant kriegt mit den von Bern; und gaben das dem von Meylant inne und namen gelt darumb, von der wegen Berne dem rich engangen ist" : also auch Verona soll Wenzel wieder dem Reiche zubringen[1]). Wie wir zu Anfang der Abhandlung gesehen, hatte es Giovanni Galeazzo verstanden in gemeinsamen Kampfe mit Francesco von Padua gegen die della Scala in Verona, nicht nur Verona zu erwerben, sondern auch seinen Bundesgenossen um Vicenza zu bringen, eine Kränkung, die dieser wohl nicht leicht vergessen konnte.

Jetzt wird dieser Vorgang nach langen Jahren hervorgeholt, um einerseits gegen Wenzel verwendet zu werden, andrerseits aber auch den König aufzufordern, seinem engverbundenen Giovanni Galeazzo das unrechtmässig erworbene Reichsgut zu nehmen. Der Reichsvikar von Padua war entschieden der durch jenen Akt am meisten geschädigte; daher möchte ich eher die Aufnahme der Italien betreffenden Punkte dem von Padua zuschreiben[2]), als den Florentinern; ihm lag die genuesische Angelegenheit ferner; bedeutend aber wurde seine Stellung geschädigt durch die Erhebung Mailands zu einem Herzogtume, wodurch wieder die Lage der Republik Florenz politisch in nichts eine schlechtere wurde.

Besser sind wir über die Urheberschaft des Artikels 5 unterrichtet. Goro Dati erzählt[3]), dass die Florentiner a tutti i nobili baroni della Magna ein Schreiben geschickt hätten, in dem Wenzel beschuldigt wurde, dem Herzog von Mailand zum Schaden des Reiches Blanquets, sog. Membranen überlassen zu haben[4]). Ohne

---

[1]) Ueber die Beteiligung der Gesandten des Königs bei der Uebergabe von Verona s. Andrea Gataro, Murat. SS. rer. Ital. XVII., 616, D. ff. Lindner, l. c, Beilage XIII.   [2]) Cronica del Morelli. Anh. zu Malaspini Istoria fiorentina p. 309 hebt ausdrücklich die Mitwirkung des Reichsvikars von Padua hervor, „perché tenea amicizia nella Magna". [3])— l. c. p. 57.   [4]) Corio, l. c. p, 275 gibt das Privileg Wenzels an Galeazzo, in dem uns eine grosse Anzahl von Städten etc. aufgezählt wird, mit denen

auf die Frage, ob der Anklage Thatsachen zugrunde lagen oder nicht, einzugehen, muss das hervorgehoben werden, dass gerade dieser Punkt, dass die Florentiner allen Fürsten des Reichs diese Mitteilung machten, zu beweisen scheint, dass diese zwar von der Wenzel feindlichen Strömung im Allgemeinen Kenntnis hatten, aber betreffs der Gruppirung der Parteien noch nicht unterrichtet waren.

Das Resultat dieser Auseinandersetzung ist nun in Kürze folgendes: unverkennbar ist die Einwirkung des Papstes, weniger aus politischen, als aus kirchlichen Rücksichten; sodann erscheint als höchst wahrscheinlich die Agitation des Reichsvikars von Padua, während von den Umtrieben der Florentiner bis jetzt noch wenig zu verspüren ist.

Es ist begreiflich, dass die Ueberreichung der Beschwerdepunkte von seiten der Kurfürsten an König Wenzel allenthalben das grösste Aufsehen erregte. Auch Florenz wird jetzt erkannt haben, wo es mit seinen Bemühungen einzusetzen habe, um in Wenzel seinen eigenen Feind Galeazzo zu bekämpfen. Jene Vorgänge in Frankfurt wurden sicher in Italien bekannt, und verfehlten nicht, die grösste Aufmerksamkeit auf den Zustand in Deutschland zu erregen. Von jetzt an müssen wir die Anwesenheit florentinischer Gesandten in Deutschland annehmen, von denen fast alle zeitgenössischen italienischen Quellen sprechen[1]), ohne dass es uns jedoch möglich wäre, ihre sicher geheime Arbeit im Einzelnen zu verfolgen. Geld spielte hierbei wohl keine geringe Rolle, während es Florenz auch nicht versäumte, als der Plan einer Absetzung Wenzels immer mehr hervortrat, diese unzweifelhaft widerrechtlichen Bemühungen durch Gutachten zahlreicher Rechtsgelehrten zu unterstützen[2]).

---

der Herzog belehnt sei. Es mochte wohl ganz natürlich sein, den mit der Bevollmächtigung zur Belehnung ausgestatteten Gesandten des Königs ein Blanko mitzugeben, das dann an Ort und Stelle ausgefüllt wurde. Wie das zum Schaden des Reiches geschehen konnte, zeigt am besten, dass auch die Bischofs- und Reichsstadt Trient, als zu Mailand gehörig, genannt ist. Uebrigens kamen solche Blanquets im Mittelalter gar nicht selten vor.

[1]) Z. B. Gataro. l. c. coll. 839. B. C.   [2]) Goro Dati, l. c. „con bono consiglio di molti dottori delle leggi". Ein derartiges Gutachten geht

Den einzigen Anhaltspunkt für die Umtriebe der Florentiner in Deutschland müssen wir in den Vorgängen daselbst finden[1]), insofern dabei die Zustände Italiens eine Rolle spielen, insbesondere aber darauf unser Augenmerk richten, wie die Forderungen wegen Italiens eine wechselnde, aber stets konkretere Gestalt annehmen.

Wir sehen nicht, dass Wenzel gemäss den Beschwerden diese, wenigstens so weit sie Italien betrafen, irgendwie abzustellen versucht hätte. Andrerseits erhob die fürstliche Opposition, trotz der mancherlei Erfolge, welche Wenzel durch sein Erscheinen im Reiche erzielt hatte, wieder ihr Haupt. Im April 1399 kamen die vier rheinischen Kurfürsten in Boppard zusammen: die Unterdrückung des Raubritterwesens, die Zoll- und Münzfrage[2]) dienten wohl nur als Vorwand für die Zusammenkunft. Den Kernpunkt bildeten sicher die geheimen Besprechungen der Kurfürsten, deren Ergebnis unter doppelten Siegelverschluss bewahrt wurde[3]). Es kann hier nicht darauf ankommen festzustellen, welche Fortschritte die Verschwörung gegen Wenzel durch diese Zusammenkunft gemacht; aber das ist von Wichtigkeit, dass sie sich verpflichten, keiner Schmälerung des Reiches, auch solcher, die vor dieser Zeit geschehen, ihre Zustimmung zu geben, „und sunderlingen die sachen van des van Meylayn umb daz land van Meylayn solen wir nyet bestedigen." Gerade dieser Abschnitt legt uns die Vermuthung nahe, dass diejenigen Staaten, welche am meisten durch die Erhebung Mailands zum Herzogtume geschädigt waren, Padua und Florenz, der Möglichkeit, dass die Kurfürsten späterhin auf Ansuchen Wenzels oder Galeazzos ihre Zustimmung zu diesem Akte geben möchten, entgegenzuarbeiten verstanden. Und wenn es in der Urkunde

---

unter dem Namen des berühmten Rechtslehrers Franciscus de Zabarellis, s. Mitt. d. österr. Inst. f. Gesch.-Forsch. IX. p. 631 ff. Jedoch möchte ich, auf Grund der Notiz bei Dati, nicht den Papst, wie in d. Mitt., sondern Florenz als Auftraggeber annehmen.

[1]) Es erscheint mir nicht unmöglich, dass man in dem Stadtarchiv von Florenz aus Rechnungsaufstellungen noch manches finden könnte, was uns die Agitation in Deutschland besser verfolgen liesse.   [2]) RTA. III. nr. 42—45.   [3]) RTA. III. nr. 41.

heisst, dass auch die anderen Erwerbungen Mailands „vur datum diss brives" (April 1399), d. h. insbesondere die Besitznahme von Pisa und Siena, nicht bestätigt werden sollen, so möchte ich diesen Abschnitt in höherem Grade der Einwirkung der florentinischen Gesandten, als derjenigen Paduas zuschreiben. Die rheinischen Kurfürsten hatten durch diesen Schritt eine Verpflichtung übernommen, die ihre italienische Politik in Zukunft band; ob sie hiefür von Florenz Geld empfingen, wie manche der Quellen berichten, lässt sich nicht beweisen, erscheint aber als höchst wahrscheinlich.

Die italienischen Angelegenheiten treten jetzt vor denen des Reichs in den Hintergrund. Die Absetzung Wenzels war jetzt schon eine fest beschlossene Sache; aber es galt vor allem, zu diesem aussergewöhnlichen Schritte den römischen Papst Bonifaz IX. zu gewinnen. Von Anfang an hatten die Kurfürsten stets für den römischen Papst Stellung genommen, während andererseits Wenzel einer Neutralitäts-Erklärung zwischen beiden Päpsten, wozu man in Frankreich geschritten war, nicht abgeneigt war. Sein kirchliches Interesse hätte Bonifaz ohne zu zögern die Partei der Opposition ergreifen lassen müssen; allein was dann, wenn deren Versuch misslingen sollte? Hätte er nicht dann die Obödienz Wenzels verlieren und sich die Gegnerschaft des schon nahe an den römischen Kirchenbesitz vorgedrungenen Galeazzos zuziehen müssen? Man mag über die Ehrlichkeit in der Politik denken, wie man will; in diesem Falle konnte der Papst nicht anders handeln, als den Gang der Ereignisse abwarten, um darnach seine Entscheidung zu treffen. Demgemäss fiel auch die Antwort des Papstes auf ein Schreiben der Kurfürsten[1]), das ihn, unter Androhung einer Neutralität in Sachen des Schismas im Weigerungsfalle, für ihre Pläne gegen Wenzel zu gewinnen suchte, völlig nichtssagend aus[2]): er könne sich nicht so schnell in einer so schwierigen Frage entscheiden. Einen solchen Bescheid hatten die Kurfürsten wohl kaum erwartet: thatsächlich war es wohl eine Absage des Papstes bei ihrem Vorhaben. Der Eindruck dieses Briefes hatte

---

[1]) RTA. III. nr. 114.   [2]) RTA. III. nr. 115.

sicher auch, neben anderen Gründen, wie dass man sich über die Person des zu Wählenden nicht einigen könnte¹), dazu mitgewirkt, dass man auf dem Tage zu Frankfurt im Mai und Juni nicht zu einem endgiltigen Beschlusse kam. Allein man hatte damit noch nicht die Absicht, die Sache ganz fallen zu lassen, — denn man hatte sich schon zu weit auf sie eingelassen —; sondern die Kurfürsten schrieben einen neuen Tag nach Oberlahnstein aus²), fest entschlossen, ihre Absicht dann, umbekümmert um die Haltung des Papstes, durchzuführen.

So kamen die Kurfürsten am 11. August 1400 zu Oberlahnstein zusammen. Für unsere Frage interessirt uns nur ein Punkt der sogenannten Wahlkapitulation Ruprechts III. von der Pfalz³); sollte Ruprecht „von gotz versehen" (!) zum König gewählt werden, so will er die Erhebung Galeazzos zu einem Herzoge und zum Grafen von Pavia widerrufen, „ane geverde" mit aller Macht die Lande in der Lombardei und den wälschen Landen nach dem Rathe der Mitkurfürsten wieder an das Reich bringen, und bei demselben halten, und die Kosten hierzu aus jenem Lande selbst nehmen".

Die Lage der Kurfürsten hatte sich in Bezug auf Italien durchaus nicht verändert gegen früher; und doch zeigen sich fortwährende Veränderungen in ihren Beschlüssen über Italien, die immer mehr auf eine feindlichere Stellungnahme gegen Mailand auslaufen; und da den Nutzen hiervon allein die antimailändische Liga, mit Florenz und Padua an der Spitze, davonträgt, so werden wir nicht fehlgehen, wenn wir jenen Artikel ihrer Einwirkung zu Folge entstehen lassen, ohne zu entscheiden, ob Florenz oder Padua das meiste dazu beigetragen. Ohne Zweifel war dies ein bedeutender Erfolg der italienischen Politik; konnte Ruprecht seine Wahl durchsetzen, so war ein Krieg dieses mit Mailand gewiss.

Selbstverständlich nahm diese Mailänder Frage auch in den Anklagepunkten gegen Wenzel⁴), welche vor der Erklärung seiner Absetzung verlesen wurden, einen wichtigen Platz ein,

---

¹) RTA. III. nr. 231.   ²) Einladungsschreiben s. RTA. III. nr. 146 ff.
³) RTA. III. nr. 200.   ⁴) RTA. III. nr. 204.

wobei ein Vergleich der auf Italien bezüglichen Beschwerden vom Jahre 1397[1]) mit den jetzigen von besonderem Interesse ist. Es war uns damals aufgefallen, mit welch' geringem Verständnis die Kurfürsten den Zuständen Italiens gegenüber standen. Jetzt merkt man hiervon nichts mehr; vor allem ist die von Bonifaz IX. angeregte Forderung wegen Genuas, welche, wie wir gesehen, sowohl gegen Frankreich, wie gegen Florenz gerichtet war, jetzt fortgefallen. Es ist dies einmal der Einwirkung florentinischer Gesandten zu verdanken; dann aber mochte sich Ruprecht nicht gleich von Anfang an in Gegensatz zu Frankreich setzen.

Aber auch mit dem Artikel über Mailand geht eine merkwürdige Veränderung vor: man war wohl zur Erkenntnis gekommen, dass dem König Wenzel das Recht, Mailand zu einem Herzogtume zu machen, nicht abgesprochen werden könne, wenn es auch der Gewohnheit widersprach; aber das rechnete sie ihm als schweres Vergehen an, dass er für jene Belehnung, durch welche die Einkünfte des Reichs entschieden geschmälert wurden, Geld genommen, sich habe bestechen lassen.

Von Verona ist jetzt nicht mehr die Rede. Es ist möglich, dass die Kurfürsten die Haltlosigkeit dieser Anschuldigung einsahen; man kann aber auch annehmen, dass sie hiermit dem Reichsvikar von Padua entgegenkamen, dessen Absichten entschieden zum wenigsten auf einen Teil des Vikariats von Verona gingen; wie hätten sie sich verpflichten mögen, eben dieses Gebiet wieder dem Reiche zuzuführen, auf welches ein Verbündeter von ihnen Anspruch machte?

Hiezu kam dann noch die schon oben besprochene Angelegenheit wegen der Membranen.

Auf Grund dieser, und anderer das Reich betreffenden Anklagen sprach Kurfürst Johann von Mainz „in gerichtes stad" „in namen und wegen" der Mitkurfürsten die Absetzung Wenzels „als einen unnützen, versäumlichen, unachtbaren engleder und unwirdigen hanthaber" des Reiches aus. Wie schon diese

---

[1]) s. o. p. 7 ff. u. RTA. III. nr. 9.

Schlussformel bezeugt, war die auswärtige Politik nicht der geringste Grund zur Absetzung.

Das Gegenstück hierzu bildete natürlich die am nächsten Tag, dem 21. August 1400, stattfindende Wahl Ruprechts. Seine Verpflichtungen, die er vor derselben eingehen musste, haben wir schon oben besprochen. Erscheint es dann nicht geradezu als Hohn, wenn die Wähler vor der Wahlhandlung schwören, dass sie ihre „stimme und kore ane alle globde, gelt, miede, oder wie man das genennen mocht, als mir got helfe und alle heiligen etc."[1]) geben wollten, und wenn Ruprecht nach derselben an Bonifaz IX. schreibt „nescio quo dei iudicio sors eleccionis super me cecidit"[2]), besonders wenn man bedenkt, dass Ruprecht ausdrücklich vor dem Akte seine Stimme seinen Mitkurfürsen übertragen hatte[3]), weil er sich doch nicht selbst wählen mochte?

So hatte die Welt das merkwürdige Schauspiel, sowohl um die höchste geistliche, wie weltliche Macht zwei Bewerber streiten zu sehen. Für König Ruprecht, dessen persönliche treffliche Eigenschaften allseitig von seinen Zeitgenossen anerkannt wurden, kam es hauptsächlich darauf an, seine zum mindesten zweifelhaft rechtliche Erhebung durch glänzende Erfolge zu rechtfertigen. Und dazu sollte denn ein Zug nach Italien helfen, dessen Ausführung der Gegenstand meiner Abhandlung sein soll.

Hierbei ist es besonders angenehm, dass in Bezug auf die Vorbereitung des Zuges ein sehr reichliches Urkundenmaterial, und ein vorzüglicher Berichterstatter in der Person des florentinischen Gesandten Buonaccorso Pitti uns über alles wesentliche unterrichtet, so dass wir nur selten zu Hypothesen zu greifen haben.

---

[1]) RTA. III. p. 267; 5, 4.   [2]) RTA. III. p. 282; 16.   [3]) RTA. III. p. 267; 45.

II. Vorbereitung des Zuges.

König Ruprecht war von Anfang seiner Regierung an durch das vor der Wahl abgegebene Versprechen zu einem Zuge nach Italien verpflichtet, weniger um nach Rom zu ziehen und sich die Kaiserkrone zu holen, obwohl dieses als der Endzweck des ganzen Unternehmens aufgefasst wurde, vielmehr um in Oberitalien die Uebermacht Mailands zu brechen. Dies stand natürlich für die italienischen Agenten, von deren Wirksamkeit in Deutschland in dem einleitenden Abschnitte die Rede war, im Vordergrund; ob Ruprecht Kaiser würde, oder nicht, mochte ihnen mehr oder minder gleichgiltig sein. Wie sehr dieses den Florentinern die Hauptsache war, zeigt am besten die Motivirung der ersten Gesandschaften an Ruprecht: 14. Dezember 1400, in Alemanniam aliquis mittatur pro sciendo processum rerum et saltem capitaneum mittant, und am 3. Januar: Item quod mittatur aliquis — ad investigandum de factis novi imperatoris etc.[1]). Ihre eigene Lage verlangte eine auswärtige Hilfe, und diese sollte ihnen ein Zug des deutschen Königs über die Alpen bringen.

Selbstverständlich konnte der Romzug nicht gleich nach der Wahl unternommen werden. Für Ruprecht kam es einstweilen darauf an, den Kreis derjenigen, welche ihn als den rechtmässigen König anerkannten, deren Zahl im übrigen am Anfange eine recht geringe war, zu erweitern, im Auslande Anerkennung und Bündnis zu gewinnen, und dann Wenzel durch Waffengewalt zur Aufgabe seiner Ansprüche auf die deutsche Königswürde zu bestimmen. Sehr wichtig musste es für Ruprecht

---

[1]) Consulte e pratiche. gedr. als Beilage.

sein, welche Stellung Bonifaz IX. zur Thronveränderung einnehmen würde, und dass man von ihm die Approbation erlange[1]).

Auf alle diese Verhandlungen kann hier nicht eingegangen werden; ich muss mich eben beschränken, auf die zusammenfassende Darstellung bei Höfler „Ruprecht von der Pfalz". (Freib. 1861) zu verweisen, wozu man das entsprechende Aktenmaterial in den Reichstagsakten Band IV und V findet.

Dagegen müssen die Beziehungen Ruprechts zu den italienischen Staaten und Städten von vornherein näher ins Auge gefasst werden. Dieselben werden eröffnet durch Schreiben der Kurfürsten[2]), welche uns zwar verloren gegangen sind, aber wohl kaum mehr enthielten, als einen kurzen Bericht über die Absetzung Wenzels und die Wahl Ruprechts, und eine entsprechende Aufforderung zur Anerkennung. Von einem bevorstehenden Romzuge war in diesen Briefen wohl kaum gesprochen, wie man aus den Antworten der italienischen Städte ersehen kann. Diese sind uns deshalb von besonderer Wichtigkeit, als sie uns sofort die Parteistellung der Städte zur Thronumwälzung zeigen, die sich ganz nach dem Verhältnis zu Mailand richtet. Trotzdem eine Einwerkung florentinischer Unterhändler in Deutschland unverkennbar ist, möchte es nicht da auffallen, dass der Rat von Florenz eine auffallende Unsicherheit über die Stellung, die er gegen die Thronumwälzung einnehmen musste, noch am 10. Nov. zeigt[3])? Bestätigt dies nicht unsere schon oben ausgesprochene Vermutung, dass nicht offizielle Gesandten, sondern eigene Politik treibende Kaufleute von Florenz die gegen Wenzel gerichtete Politik im geheimen unterstützten? Der Nutzen aber, den Florenz aus der Neuwahl ziehen konnte, war zu augenscheinlich, als dass es längere Zeit unentschieden bleiben konnte. Unbedingt stellte es sich auf die Seite Ruprechts[4]) und mit ihm Lucca[5]), Cortona[6]), die Grafen von Montedoglio[7]) und Padua, das heisst also die antimailändische

---

[1]) Weizsaecker, in d. Abh. d. Berl. Akad. hist.-philol. Abt. 1888. RTA. IV. nr. 1—123, nebst den einleitenden Bemerkungen.   ²) RTA. IV. p. 227; ₂₆. 228; ₁₉. 229; ₁₀.   ³) s. Beilage.   ⁴) RTA. IV. nr. 196 (30. November).   ⁵) RTA. IV. nr. 199.   ⁶) RTA. IV. nr. 197.   ⁷) RTA. IV. nr. 198.

Liga, die kurz zuvor, am 21. März 1400 durch Vermittlung Venedigs Frieden mit Mailand geschlossen hatte[1]). Markgraf Nicolaus von Ferrara, der, wie Venedig, an das er sich stets hielt, bei allen Kämpfen in Oberitalien eine möglichst neutrale Stellung einzunehmen sich bemühte, gab eine ausweichende Antwort[2]), während Franz von Gonzaga, Reichsvikar des so wichtigen Mantua, wie er auch bei dem letzten Kampf der Liga gegen Mailand auf der Seite des letzteren gestanden hatte, entschieden das Vorgehen der Kurfürsten verurteilte, und erklärte, unverbrüchlich an König Wenzel, als seinem rechtsmässigen Herrn, also auch an Galeazzo, festhalten zu wollen[3]). Dagegen war an Venedig nicht zu dieser Zeit geschrieben worden, da es nicht als zum Reiche gehörig betrachtet wurde. Denn dass dieses nicht geschehen, beweist eine Notiz in einem Briefe Ruprechts an diese Stadt vom 23. November[4]), in dem er den Bericht über die Ereignisse in Deutschland mit dem Ausdrucke beginnt, „prout ad vestram intelligenciam alias potuit esse deductum[5]), und dann um „amicitia" bittet. Dass er wohl kaum mehr erwarten konnte, werden ihm die italienischen Unterhändler klar gemacht haben; sie kannten aus langjähriger Erfahrung die Politik dieses Inselstaates, sich bei Streitigkeiten weder nach der einen, noch nach der anderen Seite zu verpflichten, um aus der Schwächung beider Parteien Nutzen zu ziehen.

Von ganz hervorragender Bedeutung war natürlich auch die Stellungnahme des römischen Papstes. Alsbald nach der Wahl traten die Kurfürsten[6]) und Ruprecht[7]) mit Bonifaz in Verkehr, wobei sie eine demnächst an ihn abgehende Gesandtschaft ankündigten. Bisher hatte Bonifaz, wie wir oben gesehen, auf den Versuch, ihn für ihren Plan gegen Wenzel zu gewinnen, eine ausweichende Antwort gegeben. Jetzt mochte man hoffen, dass er aus seiner reservierten Stellung heraustreten würde, um Ruprecht, dessen Parteinahme für Bonifaz ja über allen Zweifel erhaben war, unter Hinnahme der geschehenen Thatsache, zu

---

[1]) RTA. IV. p. 306 nt. 4. [2]) RTA. IV. nr. 194. [3]) RTA. IV. nr. 193. [4]) RTA. IV. nr. 185. [5]) RTA. IV. p. 216; 14, 15. [6]) RTA. IV. nr. 219. [7]) RTA. IV. nr. 222.

approbieren. Um so unangenehmer war es für Ruprecht, dass Bonifaz an Wenzel am 24. August, als er doch kaum mehr über die Endabsichten der Opposition im Zweifel sein konnte, ein Schreiben gerichtet hatte, in welchem er diesem seine unerschütterliche Treue und Anhänglichkeit versicherte[1]), was dann Wenzel nicht versäumte in Deutschland bekannt werden zu lassen. Nur schlecht verstand Ruprecht seine Missstimmung über die Haltung des Papstes zu verbergen: nicht weniger wie viermal betonte er in dem nächsten Briefe[2]) die Rechtmässigkeit seiner Wahl, und sicher nicht ohne Absicht geschah es, dass Ruprecht die Absendung einer Gesandtschaft erst nach der Königskrönung ankündigte. Dass letzteres aber trotzdem vor der Krönung erfolgte, daran war allein die feindselige Haltung Aachens schuld, welche eine Hinausschiebung des Termines nötig machte. Allzu lange mochte man doch nicht die Eröffnung der Verhandlungen mit der Kurie verzögern. Vom 14. Dezember ist die Vollmacht für Konrad v. Verden, Joffrid v. Leiningen und Hermann Rode als Gesandte nach Rom ausgestellt[3]), und wohl auch bald darauf traten sie ihre Reise an.

Etwa um die Mitte des Dezembers 1400 schickte nun auch Bonifaz einen Gesandten nach Deutschland „de andare a exponere inbasciata da sua parte alluno imperadore e allaltro"[4]). Er mochte erkannt haben, dass er auf seinem einseitigen Standpunkt zu Gunsten Wenzels, wenn er nicht einen Teil seiner Obödienz verlieren wollte, nicht beharren dürfe, sondern unbedingt einlenken müsse, um sich auf die Seite zu stellen, die ihm das meiste bieten konnte. Leider wissen wir nichts Näheres über diese Gesandtschaft; für uns tritt sie ganz zurück hinter die spätere Montecatinos[5]), welcher die päpstliche Antwort auf die Forderungen Konrads von Verden bringen sollte, und zwar den Entwurf der Approbations-Urkunde, und, was noch das wichtigere war, die Aufforderung zu unversäumten Zuge über die Alpen. Gerade dies zeigt, dass auch noch andere

---

[1]) RTA. III. nr. 185.   [2]) RTA. III. nr. 223. — p. 282; ₃₆. „rite", —; ₃₇ „uti est iuris et approbate consuetudinis" p. 283; ₈ und ₉ „ut imoris est".   [3]) RTA. IV. nr. 1.   [4]) RTA. IV. p. 2; ₇ff.   [5]) Das päpstliche Gebiet datiert vom 25. März 1401. RTA. IV. nr. 4.

Gründe den Papst bestimmt haben, sich Ruprecht zu nähern;
auch er war durch das Umsichgreifen Galeazzos in Toscana in
seinem Besitzstande sehr gefährdet. Vergeblich hatte er Wenzel
zu einem Zuge nach Italien zu bewegen gesucht, so dass auch für
die Zukunft nicht zu erwarten war, dass sich das enge Verhältnis Wenzels zu Galeazzo ändern würde. Jetzt war Ruprecht,
dessen Mailand feindliche Haltung der Kurie nicht verborgen
sein mochte, gewählt; man konnte von ihm einen Versuch des
Kampfes mit Mailand hoffen: darum lenkte Bonifaz ein. Daneben kann auch der Gedanke obgewaltet haben, sich durch
eine Kaiserkrönung in Rom vor dem Gegenpapste in Avignon
das unbedingte Vorrecht vor aller Welt zu verschaffen; von hoher
Bedeutung war jedoch dieser Gesichtspunkt nicht; denn wie
könnte man sonst die lange Zögerung des Papstes mit der
Approbation verstehen?

Für ihn war eben der Zug Ruprechts nach Italien, insofern
er einen Kampf mit Mailand zu Folge haben musste, die Hauptsache. Darum beauftragte er Montecatino, auf das Genaueste
sich über den Termin des Aufbruchs, über die Truppenstärke
und den einzuschlagenden Weg zu erkundigen. Dies gibt uns
die Ueberzeugung, dass schon Konrad von Verden bei seinen
Bemühungen, den Papst für Ruprecht zu gewinnen, mehr oder
minder bestimmte Andeutungen über die Absichten des Königs
gemacht, dass man also schon im Dezember 1400 einen Zug
über die Alpen, als in nicht allzugrosser Ferne stehend, ins
Auge gefasst hatte. Mitwirkend mag bei diesem Plane, neben
den zum Teil so überaus freudigen italienischen Antwortbriefen,
das Eintreffen eines Gesandten des Reichsvikars von Padua[1])
gewesen sein, der es sicher nicht an den nötigen Worten über
die glänzenden Aussichten des Unternehmens fehlen liess. Wir
werden noch öfters die Gelegenheit haben zu sehen, wie sehr
von Anfang an Franz von Padua an der Spitze der gegen
Mailand gerichteten Bemühungen stand, so dass auch schon
dieser Grund uns die Berechtigung gibt, bei den italienischen

---

[1]) RTA. IV. p. 229; 14, 17, abgeschickt nach 11. November, Ankunft
in Deutschland Anfang des Dezembers.

Umtrieben vor der Absetzung Wenzels nicht sowohl an Florenz, als vielmehr an Padua zu denken. Denn wie könnte man es sonst verstehen, dass Ruprecht seinem Gesandten Albrecht von Thannheim, den er nach Italien schickte[1]), um dort in Reichsangelegenheiten zu wirken, den Auftrag gab, mit den nicht dem Reiche zugehörigen Städten (wie Venedig) nur „nach dez herren von Padaw rate und underwisunge"[2]) zu verhandeln? Das zeugt entschieden von einem hohen Vertrauen, das Ruprecht auf Franz setzte. Und wir sehen nicht, dass jener jemals darin getäuscht worden wäre: während des ganzen Zuges stand Franz ihm stets mit Rath und That zur Seite, und bietet uns so ein angenehmes Gegenstück zur egoistischen, kleinlichen Politik der Florentiner. An diesen also sollte sich Albrecht wenden: noch nicht war von einem Romzuge in dessen Instruktion die Rede, obwohl natürlich die Gesandtschaft nur eine Vorbereitung des Zuges bezweckte, um die eine oder die andere Stadt von dem Bündnisse mit Mailand abzuziehen und sie für die Partei Ruprechts zu gewinnen. Die italienischen Fürsten und Kommunen sollten zu einem Tage in Deutschland Gesandte schicken, um mit Ruprecht zu berathen, „wie man unsers herren des koniges und des heilgen richs sachen forther handel und bestelle zu dem besten und nutzlichsten"[3]). Zur Unterstützung dieser Werbung gab Ruprecht seinem Gesandten eine Aufzeichnung der Fürsten, Herren und Städte, welche ihn als König anerkannten[4]): indess ist uns diese nicht erhalten[5]).

---

[1]) RTA. IV. nr. 188 (Ende Dezember 1400 bis Anfang Januar 1401). [2]) RTA. IV. p. 219; 24, u. 30, 31. [3]) RTA. IV. p. 220; 1, 2. [4]) —. p. 219; 6. [5]) Anders: Weizsaecker, RTA. IV. nr. 189; dieser druckt an dieser Stelle eine äusserst umfangreiche Aufzählung ab, die aber von den Thatsachen in vielen Punkten abweicht: so sind z. B. zahlreiche Städte Schwabens als ihm unterthan bezeichnet, was im Dezember 1400 noch gar nicht der Fall war, und bei dem regen Handelsverkehr zwischen Italien und Deutschland sicher den italienischen Städten als Unwahrheit nicht unbekannt geblieben wäre. Sodann: dise nachgeschriben sint an unserme herre dem künige und ime gehorsam . . ., wird der Abschnitt eingeleitet. Wer ist unter diesem „ime" zu verstehen? es kann dies nur das kirchliche Oberhaupt, der römische Papst, sein. Darnach ist etwa das Stück auf Anfang August 1401 zu datieren, als Beilage zur Instruktion des nach Rom bestimmten Protonotars Albrecht, vgl. RTA. IV. nr. 11, art. 12.

Deutlicher tritt dann die Romzugsangelegenheit bei den Verhandlungen mit den Herzögen von Oesterreich, besonders mit Herzog Leopold IV., in den Vordergrund[1]). Denn darauf kam es vor allem an, sie, die die beste Alpenstrasse nach Italien, den Brennerpass, beherrschten, zu gewinnen, wenn nicht überhaupt der ganze Zug in Frage gestellt werden sollte. Dass jene, bewusst ihrer entscheidenden Stellung, diese auszunutzen versuchen würden, daran war nicht zu zweifeln. Deshalb wurden mit ihnen zuerst die Verhandlungen, welche immer im Hinblick auf den geplanten Zug nach Italien geführt wurden, eröffnet, bei denen jedoch nur die Italien betreffenden Punkte hervorgehoben werden sollen. Unzweifelhaft waren die beiden Urkunden[2]), mit welchen die Unterhandlungen beginnen, schon auf dem Krönungstage zu Köln (7. Januar 1401) Gegenstand der Berathung des Königs mit den Kurfürsten, deren Ergebnis die Instruktion für den auf den 30. Januar mit den österreichischen Herzögen verabredeten Tag zu S. Veit war. Hierbei ist es von ganz besonderem Interesse zu sehen, wie sich Ruprecht zu den österreichischen Forderungen auf das Erbe von Mailand, im speziellen auf Verona und Padua[3]) sich stellte. Darauf konnte er auf keinen Fall eingehen, da er sonst seinen treuesten Anhänger Franz von Padua beeinträchtigt hätte; aber es ist charakteristisch, dass nicht dies als Grund angegeben wird, wodurch die Interessenverschiedenheit beider noch mehr hervorgetreten wäre, während er sie doch beide notwendig brauchte, sondern dass dazu allgemeine Redensarten, wie dass er doch „Mehrer des Reiches" sein wolle, herhalten müssen, die ablehnende Antwort zu motivieren. Auch wird man kaum fehlgehen anzunehmen, dass unzweifelhaft schon bei Ruprecht eingetroffene Gesandte der Florentiner[4]) ihn auf das Gefährliche einer Einwilligung auf die Forderung der Oesterreicher aufmerksam gemacht haben, andrerseits aber ihr Möglichstes thaten, den Beschluss nach Italien zu ziehen, zustande zu bringen. Dagegen konnte Ruprecht

---

[1]) Hierüber: Donnemiller „der Römerzug Ruprechts von der Pfalz" (besonders seine Beziehungen zu Herzog Leopold). Rudolfswert. Progr. 1881. [2]) RTA, IV. nr. 216—217. (Koblenz, 12. Januar 1401). [3]) RTA. IV. nr. 217. art. 6. [4]) s. u. p. 23.

den Herzögen ganz gut Versprechungen auf nicht zum Reiche
gehörige mailändische Besitzungen, oder auch auf sonst ein
paar Schlösser machen. Für diese und einige andere Leistungen
verlangt der König Offenhaltung der Strassen und Pässe nach
Italien und Hilfe gegen Mailand.

Anfang Januar also war ein Zug über die Alpen zum
Kampfe gegen Mailand eine beschlossene Sache; noch fehlt aber
jegliche Angabe über den Zeitpunkt desselben. Dass er möglichst
rasch zustande käme, war die Hauptaufgabe der italienischen
Gegner Mailands. Ihnen konnte jeder Verzug neue Gefahr, das
Erscheinen Ruprechts in Italien bei einem günstigen Verlaufe
Rettung bringen, bei einem ungünstigen aber ihre Lage nicht
verschlimmern. Wie viele Verbannte Mailands mochten sich mit
der Hoffnung getragen haben, jetzt wieder ihrem Besitz und ihrer
Heimat zurückgeführt zu werden, Gedanken, wie sie von einem
Andreas de Marinis von Cremona[1]), oder Petrus de Gualfredinis
von Verona[2]) in prunkvollen, leidenschaftlichen Schreiben an
Ruprecht übermittelt wurden.

Neben Franz von Padua trat in dieser Zeit auch Florenz
in offene Beziehungen zu Ruprecht, und nahm bald die erste
Stelle unter den italienischen Parteigängern ein[3]). Wie schon
vorher Franz, hatte auch Florenz Mitte Dezember eine Gesandtschaft nach Deutschland zu schicken beschlossen, ohne dass wir
dieser einen grösseren Wert beizulegen haben. Wichtiger ist die
Beratung vom 3. Januar 1401: der abzuschickende Gesandte
erhält den Auftrag, sich genau über die Pläne des neuen Königs,
besonders bezüglich des Romzuges, zu informiren. Und schon
sprach man es aus, dass der Romzug, wenn er zustande käme,
den Florentinern Nutzen, Mailand aber Verderben bringen müsse.
Und da man bei den kommenden Wirren in Italien gerüstet
sein müsse, sollen die Festungen und Burgen in Verteidigungs-
zustand gesetzt, mit König Ladislaus von Neapel aber Verhandlungen wegen einer Liga angeknüpft werden. Entscheidend für
den diplomatischen Verkehr der Florentiner war der Aufenthalt
des Bischofs Konrad von Verden, der nach Rom als Gesandter

---

[1]) RTA. IV. nr. 260.   [2]) RTA. IV. nr. 259.   [3]) Für das Folgende
s. Beilage.

bestimmt war, in Florenz, vom 30. Januar¹), bis mindestens zum 8. Februar 1401²). Denn jetzt tritt zum ersten Male der Gedanke auf, dass Florenz zur Erfüllung seines Wunsches an den König eine gewisse Geldsumme auszahlen, und die Bemühungen seiner Gesandten durch eigene unterstützen müsse, vor allem um den Papst zur Approbation zu bewegen. Ausser nach Rom, beschlossen die Florentiner auch nach Deutschland Gesandte zu schicken, um mit dem Könige über die Bedingungen zu unterhandeln, unter welchen er geneigt wäre, ihren Wünschen nachzukommen. Und zu dieser Gesandtschaft nach Deutschland wurde Buonaccorso Pitti, der sich schon durch einen mehrfachen Aufenthalt in Deutschland empfahl³), gewählt, und ihm Ser Piero da Sanminiato beigegeben⁴), ohne dass dieser von irgend welcher Bedeutung gewesen zu sein scheint.

Neben den beiden Gesandtschaften nach Rom und an Ruprecht wurde auf Ansuchen Konrads ein weiterer Gesandte nach Oberitalien bevollmächtigt, um die Bemühungen Albrechts von Thanheim, den Kreis der Anhänger Ruprechts zu erweitern, auch seinerseits zu unterstützen⁵). Daneben beherrschte die florentinische Politik der Gedanke, wenn möglich, die alte Liga gegen Mailand wieder ins Leben zu rufen. Letzteres gelang aber nicht. Die Gesandten wurden wohl freundlich aufgenommen, ohne aber in der entscheidenden Frage Erfolg zu haben. Bologna, Ferrara und Venedig waren nicht geneigt, ihre bisher beobachtete Neutralität aufzugeben, während natürlich Franz von Padua ebenso sehr die Partei Ruprechts, wie Franz Gonzaga von Mantua diejenige Mailands begünstigte. Bisher war es also noch nicht möglich gewesen, in der politischen Lage eine Aenderung zu schaffen. Zwei feindliche Lager standen sich schroff gegenüber, stets bereit, bei Venedig über Friedensverletzung des Gegners Beschwerde zu führen, um dieses auf diesem Wege mit der Gegenpartei zu verfeinden. Je nach den Umständen antwortete der venezianische Rat unter Hinweis auf völlige Unkenntnis

---

¹) Minerbetti, cronicon in Script. rer. Ital. ed. Tartinius. II. c. 430ff. Sozomenus bei Muratori, SS. rer. Ital. XVI. c. 1171.   ²) Beil. 8. Februar.
³) Scip. Ammirato. l. c. p. 93.   ⁴) RTA. IV. nr. 258.   ⁵) RTA. IV nr. 263.

mit den beklagten Vorgängen¹), oder liess gelegentlich einmal eine leise Verwarnung erteilen²): offen spielte er sich immer noch als Hüter des Friedens auf, während er es im Geheimen wohl geschehen liess, dass in Venedig Aktionen vorgenommen wurden, welche eine auch ihm erwünschte Schwächung Mailands zum Ziele hatten.

Nimmt man hinzu, dass auch in Rom alle Verhandlungen der Gesandten Ruprechts trotz der sicher höchst thätigen Unterstützung der Florentiner in der Hauptfrage, nämlich in der unverzüglichen Approbation des Königs, erfolglos blieben, dass man andrerseits auch von päpstlicher Seite auf einen Zug nach Italien drängte, so kann man sich denken, mit welchem Interesse man allseitig die Gesandtschaft Pittis an Ruprecht verfolgte³).

Wie wir oben gesehen, war man sich im florentinischen Rate über die Notwendigkeit eines Romzugs schon längst klar; dass man zu diesem Zwecke Geld anwenden müsse, war schon am 8. Februar Gegenstand der Verhandlungen, und ferner, dass nach Deutschland Gesandte geschickt werden sollten. Aber wohl mochte man noch auf Nachrichten über den Erfolg der Gesandten in Rom warten. Darum verzögerte sich die Abreise der Gesandten nach Deutschland: denn erst vom 21. Februar ist die Vollmacht datiert⁴), kraft deren Pitti berechtigt wird, Verträge zu schliessen, den Treueid zu leisten, u. a. m. Leider ist uns die eigentliche commissio, von der in den Akten öfters die Rede ist, nicht erhalten; allein wir sehen aus diesen, wie aus Pittis Berichte, dass es sich den Florentinern vor allem darum handelte, dass der Romzug noch in diesem Jahre 1401 angetreten werde, und dass der Gesandte auf keinen Fall über die zum Zwecke bewilligte Geldsumme, nämlich 100.000 Dukaten, hinausgehen dürfe; sollten grössere Anforderungen an ihn gestellt werden, so ist deswegen sogleich an den Rat zu schreiben. Im übrigen mag Pitti noch den Auftrag gehabt haben, die Lage Italiens möglichst günstig zu schildern. So brach denn

---

¹) RTA. IV. nr. 262.   ²) RTA. IV. nr. 260.   ³) Ueber diese s. Cronica di Buonaccorso Pitti, ed. G. Manni. Fir. 1720, die hierher gehörenden Stücke abgedruckt in d. RTA. IV. nr. 302, und vgl. auch d. Gesandtschaftsbericht Pittis, RTA. V. nr. 33.   ⁴) RTA. IV. nr. 258.

Pitti mit seinem Genossen am 22. Februar¹) nach Deutschland auf, wobei sich ihm in Padua, als Bevollmächtigter des Reichsvikars, Dorde anschloss, um auch seinerseits den Romzug zu betreiben.

In Amberg, also nach dem 24. März, trafen sie beim Könige ein²), der sie auf jede Weise auszeichnete. Er mochte sich wohl schon mit dem Gedanken vertraut gemacht haben, seine in keiner Weise günstige Lage, namentlich jetzt nach dem erfolglosen, aber kostspieligen Feldzug gegen Böhmen, durch einen Romzug zu verbessern. Die Kosten dieses Zuges konnte er von sich aus nicht aufbringen; diese musste Florenz übernehmen, wenn er sich dem zu liebe in den Kampf mit Mailand einliess. Jedenfalls waren seine Erwartungen, denen er wohl auch den Gesandten gegenüber Ausdruck gab, auf das höchste gespannt, so dass sich Pitti wohl hütete, mit dem Angebote von 100.000 Duk. hervorzutreten. Bei den Verhandlungen über die Geldfrage bestimmten die Unterhändler des Königs, vielleicht weil sie durch florentinische Kaufleute erfahren hatten, dass Florenz eine auf 600.000 fl. Ergebnis geschätzte Steuer ausgeschrieben³), die Forderung anfänglich auf 500.000 fl., gingen aber dann auf 200.000 fl. zurück: so viel müsse der König haben, wenn von dem Zuge in diesem Jahre die Rede sein könne. Immerhin ging diese Summe über die der Vollmacht hinaus, so dass Pitti gezwungen war, nach Florenz zu schreiben, wohl mit dem dringenden Rate, der Forderung nachzugeben.

Wohl nur schweren Herzens mag Ruprecht seine Ansprüche auf die Summe von 200.000 fl. ermässigt haben, so dass er nicht mehr so zuversichtlich dem Romzuge entgegensah, wie früher. Wenn nun in dieser den Florentinern nicht gerade

---

¹) Die Daten schwanken bei dem offiziellen Gesandschaftsberichte, und der Chronik Pittis; im allgemeinen haben diejenigen der Chronik mehr Wahrscheinlichkeit für sich. Der 22. Februar ist vielleicht so zu erklären, dass Pitti zu dieser Zeit gar nicht in Florenz war, und Ser Pero an diesem Tage mit der Vollmacht zu ihm eilte. ²) Nach dem offiziellen Bericht am 18. März, wo sich Ruprecht noch in Nürnberg aufhielt. Vgl. Chmel. Regesta Ruperti regis Romanorum. Fkf. 1834, nr. 293, 294.
³) Morelli, l. c. p. 309.

günstigen Zeit ein allem Anscheine nach von Galeazzo gegen den König gerichtetes Attentat auf Grund einer von Pitti kurz vorher ausgesprochenen Warnung entdeckt wurde, also zur politischen Feindschaft gegen diesen nun auch die persönliche sich gesellte, so ist das doch ein zu grosser Glückszufall, als dass man nicht annehmen möchte, dass jene beiden Gesandten ihre Hände bei der Intrigue im Spiel gehabt hätten[1]). Jedenfalls war durch dieses Ereignis Ruprecht in seiner Absicht, nach Italien zu ziehen, bestärkt und kam somit den Plänen Pittis entgegen.

Von Amberg wandte sich Ruprecht nach Nürnberg, wohin er die Grossen des Reiches auf den 1. Mai berufen hatte[2]). Dass auf diesem Tage die Romzugsfrage zur Sprache kam, ist selbstverständlich; das bezeugen auch die zahlreichen Anknüpfungen mit auswärtigen Mächten, welche im Hinblick auf den Zug eröffnet wurden, so mit Savoyen, Frankreich, den Eidgenossen und Aragonien[3]): aber da diese Verbindungen von geringem Einfluss auf die Vorbereitungen des Zuges waren, ist es nicht nötig, an dieser Stelle näher auf sie einzugehen. Viel wichtiger war natürlich die Ankunft Konrads aus Rom, und mit ihm die Antonios de Montecatino[4]): aber sie brachten nicht den gewünschten Bescheid; vielmehr erregte schon die Form des Kredenzbriefes Montecatinos grossen Unwillen bei König Ruprecht, den er auch in entsprechenden Worten dem Papste und den Kardinälen merken zu lassen sich nicht scheute[5]). Noch weniger entsprach der Inhalt der päpstlichen Antwort seinen Erwartungen: „moram periculosam implicans responsum" nennt er sie[6]). Denn was nutzte ihm eine Approbations-Urkunde[7]), die in einer Form abgefasst war, dass er sie auf keinen Fall annehmen konnte,

---

[1]) Höfler, l. c. p. 212, spricht von einem Rechtfertigungsschreiben Pittis: dies wird wohl eine Verwechselung mit einem Schreiben Galeazzos sein, das denselben Zweck, wie mir scheint, mit grossem Geschick verfolgt. RTA. IV. nr. 308. nr. 303 nr. 304.   [2]) RTA. IV. nr. 267, art. 3.
[3]) RTA. IV. nr. 297 ff. nr. 314, nr. 294 ff., nr. 293 und 292, nr. 315 ff.
[4]) RTA. IV. p. 399; 14. Ulman Stromer in Chroniken der deutschen Städte I. p. 54; 24.   [5]) RTA. IV. p. 27; 31, 30.   [6]) RTA. IV. p. 27; 2, 29.   [7]) RTA. IV. nr. 6.

oder dass der Papst mit der Forderung eines schleunigen Einmarsches in Italien an ihn herantrat, ohne selbst auch nur die geringste Verpflichtung für die Zukunft zu übernehmen. Am besten zeigt sich die Unzufriedenheit des Königs über diese Haltung des Papstes in den Antworten, die er dem nach Rom zurückkehrenden Montecatino mitgab, welche an Kürze nichts zu wünschen übrig lassen[1]).

Vielleicht wäre der Zug ganz in Frage gestellt worden, wenn nicht die italienischen Gesandtschaften von Padua und Florenz alles daran gesetzt hätten, ihn doch zum Zuge zu bewegen. „Und man lag kunk Ruprecht vast an, daz er gen Welissen landen und gen Rom zien solt", berichtet Ulman Stromer von der Thätigkeit der fremden Gesandten auf dem Tage von Nürnberg[2]). Und wie sehr deren Agitation Ruprecht gefiel, zeigt uns ein Lob, das derselbe der Beredsamkeit des paduanischen Gesandten zuerteilt[3]). Zugleich scheint jetzt auch die Antwort aus Florenz eingetroffen zu sein, auf Grund deren die Verhandlungen zu einem gewissen Abschluss gelangten. Florenz gab nach, indem die vertragsmässige Unterstützung auf 200.000 fl. festgesetzt wurde, ohne jedoch wohl die Zahlungsbedingungen genau anzugeben. Wie sehr aber Pitti Ruprecht gegenüber das Opfer, das Florenz bringe, betont haben mochte, ersieht man schon daraus, dass sich Ruprecht bewogen sah, sich über die Höhe seiner Ansprüche zu entschuldigen, die er aber stellen müsse, wenn er auch wisse, wie schwer es Florenz falle, eine solche Summe aufzubringen[4]); und dass diese nur im Interesse Italiens, d. h. von Florenz verwandt werden sollte, war eigentlich klar; allein der vorsichtige Florentiner liess sich noch eine ausdrückliche Versicherung davon geben[5]). Zu einem definitiven Vertrage kam man in Nürnberg doch nicht: Pitti gibt als Grund an, dass zu wenig Fürsten auf dem Tage anwesend gewesen seien, so dass es rathsam erschien, die so schwerwiegende Entscheidung auf einem weiteren Tage

---

[1]) RTA. nr. 8, 9. (12. Mai 1401). [2]) St. Chr. I. 51; $_1$. [3]) RTA. IV. p. 372; $_{39}$. (15. Mai 1401). [4]) RTA. IV. nr. 305. (23. Mai 1401). [5]) RTA. IV. nr. 306. (23. Mai 1401).

zu treffen. Diese Angabe stimmt auch damit überein, dass der König nur die archiprincipes nach Nürnberg berufen[1]) hatte, so dass wir es hier mit Vorberathungen zu thun haben. Immerhin ist es gut, den Vertragsentwurf[2]) zwischen Ruprecht und Florenz schon an dieser Stelle zur Erörterung heranzuziehen, weil auf ihm alle anderen Entwürfe beruhen, und wir dann nur auf die Aenderungen dieser gegenüber dem ersten hinzuweisen haben.

Art. 1. Pro celeriori expedicione in Italiam will Florenz als Geschenk (dono) 200.000 Duk.[3]) zahlen, in exterminium comitis Virtutum. Ruprecht kann von deutschen Kaufleuten vor Antritt des Zuges als erste Rate 110.000 Duk. aufnehmen, welche es unter gewissen Bedingungen in Venedig auszuzahlen verpflichtet ist.

Art. 2. Den Rest, also 90.000 Duk., zahlt es in Venedig oder einer anderen Stadt Italiens für die Besoldung der Truppen in den der ersten Zahlung folgenden zwei Monaten, insofern der König in Italien ist cum felici exercitu suo ad invadendum territorium comitis Virtutum hostiliter et potenter, exclusis dolo et fraude.

Art. 3. Gegen entsprechende Bürgschaft leiht Florenz weitere 200.000 Duk. in Monatsraten.

Art. 4. Bestätigung der florentinischen Privilegien.

Art. 5. Ruprecht muss presenti anno (1401) nach Italien ziehen, und zwar einundeinhalben Monat nach Empfang der ersten Rate. Bei einem eventuellen Tode des Königs verliert Florenz das ausgezahlte Geld ohne Ansprüche an die Nachkommen desselben.

Art. 6. Der König verpflichtet sich pro posse Mailand zu vernichten, im übrigen aber Florenz in seiner Freiheit und Rechten zu erhalten.

---

[1]) RTA. IV. nr. 267. art. 3. [2]) RTA. IV. nr. 307. (c. 23. Mai 1401.) [3]) Trotzdem auf 100 Duk. 110 fl. gerechnet wurden, ist die Unterscheidung der beiden Geldsorten in keiner Weise streng durchgeführt, so dass es vielfach am besten ist, der Quelle zu folgen. Vgl. RTA IV. p. 7; p. 215 nt. 1.

Dieser Entwurf erscheint als ein solches Meisterstück der florentinischen Diplomatie, dass es doch interessant ist, denselben mit einem Kommentar zu versehen.

Man kann nicht läugnen, dass der Entwurf in Wahrheit ein Mietsvertrag ist, wenn man auch dieses Verhältnis durch den Zusatz „dono" zu verdecken suchte. Beiderseits verpflichtet man sich zu Leistungen; kommt eine der Parteien diesen nicht vertragsmässig nach, so ist auch natürlich die andere zu nichts weiter verpflichtet. Florenz opfert Geld für ein glücklich verlaufendes Unternehmen (vgl. Art. 2). Denn leistet der König nicht das, was man von ihm erwartet, so ist es berechtigt, sich vom Vertrage loszusagen; anders kann man die Zusätze, wie „cum felici exercitu", und „hostiliter et potenter" etc., nicht auffassen. Und es scheint, als ob man von deutscher Seite auch eine Ahnung von der Wichtigkeit jener Klauseln gehabt, und dass man doch die Bedeutung der 5 ersten Artikel abzuschwächen suchte, indem man einen 6. Artikel anfügen liess, der im wesentlichen gar nichts neues besagte, aber doch den kleinen, in der Sache aber sehr wichtigen Zusatz „pro posse" enthielt. Immerhin ist es Thatsache, dass nur grenzenloser Optimismus und Unkenntnis der Zustände in Italien einem solchen Vertragsentwurfe ihre Zustimmung geben konnten.

Einstweilen fehlte noch dem Entwurfe die Unterschrift. Ruprecht beeilte sich, denselben an Franz von Padua, der stets neue Beweise seiner Treue gab[1]), zur Begutachtung zu übersenden[2]), die bei der unzweifelhaften Mitwirkung paduanischer Gesandten kaum anders als zustimmend ausfallen konnte. Es lag auch gar nicht in seinem Interesse, den König auf die gefährlichen Klauseln des Entwurfs aufmerksam zu machen; sondern auch für ihn war es eine Existenzfrage, möglichst rasch den König gegen Mailand ins Feld zu bringen.

Zu gleicher Zeit wanderte der Entwurf nach Florenz zur Bestätigung, wobei Ruprecht sich doch noch bewogen sieht, zur Annahme desselben zu mahnen, da sonst von einem Zuge „pro presenti" keine Rede sein könne[3]). Es ist dies wohl nur

---

[1]) RTA. IV. nr. 311, (15. Mai 1401). [2]) RTA. IV. nr. 312. (26. Mai 1401.) [3]) RTA. IV. p. 367; 16, 17.

eine Nachwirkung von dem Sträuben Pittis, bis er in Bezug auf die Geldforderung aus diplomatischen Rücksichten nachgab, während er andrerseits allem Ansacheine nach es auch nicht unterliess, auf die voraussichtliche Annahme der Bedingungen von Florenz, so schwer sie auch seien, hinzuweisen. Denn wir können aus verschiedenen Regierungsakten deutlich erkennen, dass Ruprecht jetzt schon völlig von dem Zustandekommen des Zuges überzeugt war. So erhielt Franz von Padua von ihm eine Vollmacht, in Sachen des „de proximo" stattfindenden Zuges zu verhandeln, besonders aber Venedig zu gewinnen[1]).

Unter ausdrücklicher Betonung, dass es sich um die Beschlussfassung über den Zug nach Italien handle, wurden dann Fürsten und Städte zu einem Reichstag nach Mainz auf den 29. Juni berufen[2]). Bis dahin, mochte man hoffen, würde wohl die Bestätigung des Nürnberger Entwurfs von Florenz eingetroffen sein. In der Zwischenzeit war man natürlich auch nicht müssig: so wurden die Städte aufgefordert, ihre Boten zum 12. Juni nach Mainz zu senden[3]), um mit den Räten des Königs „zu reden umbe hulffe und dienste uns zu deme selbe tzoge zu dun[4])". Und an die Grafen und Herren in Deutschland, vermutlich ebenfalls wegen des Heeresdienstes, wurde Bischof Konrad von Verden bevollmächtigt[5]).

Wie sehr der Plan eines Romzuges in Deutschland Aufsehen erregte, vermag man schon aus der so überaus zahlreichen Beteiligung an dem Reichstag zu Mainz ersehen[6]), auf dem natürlich die Berathung über den Zug im Mittelpunkt des Interesses stand. Hier gelangte man endlich[7]) zu einer, wie es schien, endgiltigen Vereinbarung mit Florenz, deren Inhalt uns Pitti überliefert[8]): wenn Ruprecht sich mit Heeresmacht den ganzen kommenden September in der Lombardei aufhält, werden seinem Kommissär in Venedig 50.000 Duk., und dann in 3 Raten di tempo a tempo weitere 150.000 Duk. ausbezahlt[9]).

---

[1]) RTA. IV. nr. 313. [2]) RTA. IV. p. 401. [3]) RTA. IV. nr. 344.
[4]) RTA. IV. nr. 345. [5]) RTA. IV. nr. 287. [6]) RTA. IV. p. 401, 402.
[7]) Dopo molti consigli e pratiche tenute. RTA. IV. p. 362; [8]) —. p. 362. art. 9. [9]) Dieser Abschnitt bei Pitti erregt einigen Verdacht,

Ein Vergleich mit dem Entwurf, der in Nürnberg aufgesetzt war, zeigt eine entschiedene Modifizierung im florentinischen Interesse: die Florentiner mochten wohl nicht zum voraus als erste Rate 110.000 Duk. riskieren, sondern wollten erst den Erfolg abwarten. Leider sind die näheren Bestimmungen nicht erhalten: aber so viel erscheint sicher, dass man in Mainz einen definitiven Vertrag geschlossen zu haben glaubte, wie nun auch Ruprecht nicht mehr zögerte, die Privilegien von Florenz in vollem Umfange zu bestätigen und die Stadtobrigkeit zum Generalvikar zu ernennen[1]). Auf Grund dieses Vertrages mit Florenz stand dem königlichen Aufgebot nichts mehr im Weg: „mit unseren kurfürsten und etlichen anderen unsern und dez richs fursten, graven und herren rate" werden die Reichsstädte, und so jedenfalls auch die Fürsten und Herren des Reiches, aufgefordert, mit der üblichen Glevenzahl sich „of unser frauwentag" (8. September) zu Augsburg am Lech einzustellen, um wegen der Krönung „uber berge gein Lamparthen" zu ziehen.

Alles schien aufs beste von statten zu gehen: noch eine grosse Zahl anderer Reichsangelegenheiten, welche zum teil auch gewisse Beziehungen zum Romzuge hatten, wurden rasch erledigt[2]). Grösseres Interesse nimmt die Anwesenheit zweier päpstlicher Gesandten in Mainz[3]) in Anspruch; wir wissen zwar nicht, mit welchem Auftrag sie gekommen, wir können aber vermuthen, dass sie die ungünstige Wirkung der Gesandtschaft Montecatinos abschwächen sollten, was ihnen auch insoweit gelungen zu sein scheint, als bald darauf auch Ruprecht durch einen besonderen Gesandten, den Protonotar Albrecht, die Verhandlungen mit der Kurie wieder aufnahm[4]). Auch

---

wenn man bedenkt, dass sowohl in Nürnberg, als auch späterhin in Augsburg, und auch bei den Berathungen des florentinischen Rates am 28. Juli jeweils von einer Zweiteilung, mit 110.000 ft. als erster Rate die Rede ist. (s. Beil.).

[1]) RTA. IV. nr. 358.   [2]) RTA. IV. Tag zu Mainz, Juni-Juli 1401.
[3]) RTA. IV. p. 476; 10, 11. Diese beiden Boten sind vielleicht mit den RTA. IV. p. 2 und 3 genannten päpstlichen Gesandten zu identifizieren.
[4]) RTA. IV. nr. 10—14.

mögen sie nicht ohne Einfluss auf die Beschlussfassung des Romzuges, mit dem ein besonderer Wunsch des Papstes erfüllt zu werden schien, gewesen sein.

Da traf den König eine schwere Enttäuschung[1]): man hatte die Ausschreiben ins Reich versandt in der festen Hoffnung, dass alle Verabredungen, die man getroffen, ausgeführt werden könnten. Nun aber erklärten die deutschen Kaufleute, welche versprochen hatten, Ruprecht die ihm von Florenz in Aussicht gestellten 50.000 Duk. nicht zahlen zu können, da ihre Geschäftsfreunde in Venedig ihnen den Kredit verweigerten, nachdem sie in Erfahrung gebracht, wozu das Geld verwandt werden sollte. Gegen diese Erklärung halfen weder Bitten noch Drohungen: das Geld war von den Kaufleuten nicht zu bekommen. Die Lage des Königs war so eine höchst peinliche: er selbst war finanziell ganz und gar machtlos; aber seine Ehre verlangte die Ausführung des Beschlusses. In seiner Not wandte er sich an Pitti, der wohl merkte, dass jetzt der ganze Plan in Gefahr stand zu scheitern, mit der Bitte, möglichst rasch nach Florenz zu eilen, um von dort wenigstens 25.000 Duk. ihm nach Augsburg entgegenzuführen. In eindringlichen Worten schilderte er Pitti gegenüber, wie in dessen Vollmacht an Florenz, seine bedrängte Lage; ohne genügende Geldunterstützung könne zu seinem und der Florentiner Schaden in diesem Jahre aus dem Zuge nichts werden. Trotz alles Sträubens Pittis, der wohl ahnte, dass die Reise nutzlos sein würde, musste sich dieser, um Ruprecht zu Gefallen zu sein, auf den Weg machen, doch kaum ohne den König unter Vorspiegelungen auf die Hilfe der Florentiner zu weiteren Rüstungen zum Zuge zu bestimmen.

Denn wie wäre es sonst möglich gewesen, dass Ruprecht bei einer solchen Sachlage noch die Hoffnung hegen konnte, durch die Absendung Pittis von Florenz sogar 110.000 Duk. in baarem Gelde zu erhalten, ja sogar zwei Gesandte bevollmächtigte, eine solche Summe zu erheben[2]), und wegen des Geleits von „100.000 gulden oder ein wen'g me" mit den Herzögen von Oesterreich, oder

---

[1]) Für das Folgende wieder Pitti, l. c.   [2]) RTA. IV. nr. 361. (20. Juli 1401) für Konrad von Freiberg und Johann von Mittelburg.

wenn diese sich weigerten, mit Venedig oder Padua zu verhandeln[1])? Bei einem anderen Charakter, wie dem Ruprechts, könnte man auf den Gedanken kommen, dass dies alles nur fingiert sei, um im Reiche dem Zweifel an einem Zustandekommen des Zuges den Boden zu entziehen, wenn sich das Gerücht von dem bevorstehenden Eintreffen solcher Geldsummen verbreitete; bei Ruprecht aber ist das eben ein neuer Beweis seines unverkennbaren Optimismus, mit dem er sich gerne über unangenehme Situationen hinwegtäuschte. Wir werden noch öfters Gelegenheit haben, diesen für ihn so unheilvollen Charakterzug zu bemerken und zu verurteilen. Wie hinterlistig Florenz dem Könige gegenüber verfuhr, zeigen uns am besten die Verhandlungen der signori: zwar erkannte man die Notwendigkeit der Ankunft Ruprechts an; darum soll man ihn durch Versprechungen zum Zuge bewegen, aber diesen, nur wenn es sich nicht anders machen liesse, nachkommen. Man dachte wohl gegen ihn gerade so zu verfahren, wie gegen den Grafen von Armagnac. Ruprecht aber zweifelte keinen Moment an der Vertragstreue der Florentiner.

Als einen wichtigen Erfolg konnte es Ruprecht betrachten, dass jetzt auch die Herzöge von Oesterreich für ihn gewonnen wurden. Besonders angenehm war dabei, dass er nur verpflichtet war, „zu Lamparten etwaz stette oder geslosse" ihnen als Lohn aus der Beute zuzuteilen[2]). Dass unter diesen Städten Verona, Vicenza und andere, die auch Franz von Padua aus der Beute für sich erhoffte, gemeint waren, ist klar; man wollte die Städte nur nicht nennen, um nicht den anderen Anwärter zu verletzen. Ruprecht musste eben den Forderungen der Herzöge nachgeben, da alle Verhandlungen mit den Eidgenossen der Schweiz und mit dem Grafen von Savoyen, um durch deren Gebiet Durchzug zu erlangen, ohne Erfolg blieben, abgesehen davon, dass es nicht wünschenswert erschien, so weit weg von Padua, ohne jeden militärischen Rückhalt zu haben, den Kampf mit Mailand zu eröffnen.

Die Brennerstrasse konnte allein für ihn in Betracht kommen: aber sollte sich der König sogleich an den Mauern

---

[1]) RTA. IV. nr. 357. [2]) RTA. IV. p. 424; ;.

des äusserst festen Verona, das den Ausgang des Passes gegen die Poebene beherrschte, den Kopf zerschellen? Soweit aber traute Ruprecht den Vorspiegelungen der italienischen Grossen doch nicht, dass er dem Glauben verschenkt hätte, wenn Wilhelm de Castala, Podestà von Padua, ihm schrieb [1]), keine Macht der Welt könne es verhindern, dass eben jenes Verona sofort bei des Königs Erscheinen ihm zufalle. Sicher war es Franz von Padua, der mit der grössten Bereitwilligkeit ihn stets von den Vorgängen in Italien unterrichtete[2]), der einen massgebenden Einfluss bei den militärischen Beschlüssen ausübte. Auf ihn wird dann auch zurückzuführen sein, dass schon am 10. Juli ein Angriff auf das wichtige Brescia ins Auge gefasst wurde[3]). Dort, in den Bergen bei Brescia, waren zahlreiche Adelsfamilien angesessen, welche nur mit Grimm der Herrschaft Mailands sich beugten, und sehnsüchtig der Ankunft des neuen Königs harrten, um gegen den Feind loszuschlagen. Darum mochte es rathsam sein, mit dieser Partei, an deren Spitze Petrus de Lodrone stand, in Verbindung zu treten. Diesen Feldzugsplan, der immerhin manches für sich hatte, nahm Ruprecht an; er bevollmächtigte zwei Gesandte, von denen Johanniolus von Como, wohl auch ein von Galeazzo vertriebener Edelmann, die Verhältnisse in den Bergen Brescias aus eigener Anschauung kennen mochte, an Petrus de Lodrone und dessen Parteigänger in montanea Brixie[4]): hier sollen sie sich nach den Wegen durch das Gebirge erkundigen, die Strassen, welche das Heer einschlagen könnte, öffnen und herrichten lassen, und für die nötigen Lebensmittel an den Marschstrassen sorgen; am 29. September sollten die dortigen Edelleute den Kampf gegen Mailand beginnen; er selbst werde zu derselben Zeit den Boden Italiens mit seinem Heere betreten[5]).

Damit war der Zug nach Italien fest bestimmt: auf dem Reichstage zu Mainz war der Romzug beschlossen und das

---

[1]) Aus f. 40 des cod. 1718 der Laurenziana, der bisher noch nicht benutzt war und gerade für die Zeit Ruprechts manch neues Material enthält, einer Briefsammlung v. J. 1469 (s. fol. 135) Prof. Wille in Heidelberg verdanke ich die Einsicht in den Codex. [2]) RTA. IV. p. 373; 8, 9. [3]) RTA. IV. p. 472; 12. [4]) RTA. IV. p. 439; 40. [5]) RTA. IV. nr. 366. 367 art. 6.

Aufgebot erlassen; am 8. September musste sich dieses in Augsburg zusammenfinden, um dann am 29. September die Feindseligkeiten zu eröffnen. Das Geld, das zum Zuge nötig wurde, war zwar noch nicht vorhanden; aber der König hegte, vertrauend auf die Hilfe von Florenz, die feste Hoffnung, es noch rechtzeitig und in genügender Menge zu bekommen.

Inzwischen rüstete man sich auch in Italien zu dem bevorstehenden Kampfe. Hierbei kam es vor Allem auf die Stellung an, die Venedig beobachten werde. Bisher war es, wie wir gesehen, entschieden neutral geblieben; nichts gab ein Anzeichen, dass es geneigt sei, aus seiner Neutralität herauszutreten. Trotzdem wurden immer neue Versuche gemacht, es auf die eine oder die andere Seite zu ziehen. Von Ruprecht war zu solchen Verhandlungen Franz von Padua bevollmächtigt; zugleich liess er durch den nach Padua zurückkehrenden Gesandten Dorde dem Rate von Venedig von den mit Florenz zu Nürnberg getroffenen Vereinbarungen und von seinem in Aussicht stehenden Romzuge Mitteilungen machen[1]). Aber die Antwort[2]) enthielt wieder nichts, ausser den „gewohnten Versicherungen der Höflichkeit"[3]): Die Signorie hoffe, unter Beteuerung ihres Wohlwollens gegen das bairische Haus, und besonders gegen den König, dass auch der Romzug ihm zum Ruhme, dem Reiche und der Christenheit zum Heile ausfallen möge, aber mit dem bezeichnenden Zusatze „cum quiete et pace Italiae", trotzdem ihr doch der eigentliche Zweck des Zuges aus dem Vertrage mit Florenz bekannt war.

Dieser nämlichen Tendenz, Hüterin des Friedens in Italien zu sein, entsprach es auch, dass die Signorie Franz von Padua entschieden riet, alles zu vermeiden, was dem Herzog von Mailand irgendwie Anlass geben könnte, den Krieg zu beginnen; sollte jedoch Mailand dem Frieden gefährlich werden, so sei auch sie bereit, geeignete Gegenmassregeln zu ergreifen; im übrigen sei ihr von mailändischen Rüstungen, von denen Franz

---

[1]) RTA. IV. nr. 309, 310 art. 1. [2]) RTA. IV. nr. 310 art. 2ff. (17. Juni 1401). [3]) Le Bret, die Staatsgeschichte der Republik Venedig. I. Teil, II. Abt. p. 279. [4]) RTA. IV. nr. 262.

ihr berichtet habe, noch nichts bekannt. Und dieselbe Antwort erhielt der Herzog von Mailand auf seine Beschwerden über Padua und Florenz¹). Solcher Redensarten bedurfte eben die Politik der Neutralität: man musste sich den Anschein geben, als stehe man zwischen den Parteien, eifrigst bemüht, alle Beschwerden beizulegen, ohne sich auch nur im geringsten zu verpflichten. Wieder als man in Mainz definitiv den noch in diesem Jahre 1401 stattfindenden Zug beschlossen hatte, schickte Ruprecht eine neue Gesandtschaft nach Venedig ab, um unter dem Eindruck jenes Beschlusses nochmals zu versuchen, es zum Bündnis mit ihm zu bewegen²). Es war aber schwerlich von dem Könige klug, dass er in der Instruktion für seine Gesandten noch ausdrücklich hervorhob, dass er nur „mit grossen kosten, arbeit und kummernisse" das Reich fast ganz gebracht, und nun wiewol er vaste sich verkostiget und dass sin usageben habe³), doch den Zug nach Italien unternehme, für den er um den Beistand Venedigs bitte⁴).

Eigentlich hätte es doch in seinem Interesse gelegen, seine misliche finanzielle Lage nicht bekannt werden zu lassen; jedenfalls war es kaum ein gutes Mittel, sich neue Verbündete zu erwerben, wenn er nicht etwa diesen gegenüber gleichsam sich entschuldigen wollte, dass er in ein thatsächlich recht schimpfliches Vertragsverhältnis mit Florenz sich eingelassen. Auf der anderen Seite ruhte auch Galeazzo nicht mit Versuchen, nicht etwa Venedig auf seine Seite zu ziehen, sondern vielmehr es nur zu bestimmen, Farbe zu bekennen. Ein meisterhaft diplomatischer Schachzug war es, dass er an den Rat sowohl ein Schreiben Ruprechts, in dem dieser ihn des Giftversuches beschuldigte, als auch seine eigene Verteidigung zur Begutachtung übersandte. Denn entweder erkennt der Rat diese als glaubwürdig an, dann bezichtigt er den König der Verläumdung, oder erklärt Galeazzo als Giftmörder. Zwei Tage lang dauerten die Verhandlungen in dieser Frage, bis man schliesslich auch eine ganz vortreffliche

---

¹) RTA. IV. nr. 262.   ²) RTA. IV. nr. 362. (20. Juli 1401).   ³) RTA. IV. p. 437; ₁₅—₁₈.   ⁴) RTA. IV. nr. 363.

Antwort fand: man bedauert die ganze Angelegenheit, und hofft, es möge seine Unschuld an den Tag kommen[1]).

An dieser Stelle mag noch der Verhandlungen Ruprechts mit König Martin von Aragonien gedacht werden, die jetzt in so fern eine festere Gestalt annahmen, als Ruprecht eine aragonesische Hilfsflotte unter dem Kommando des Admirals Jacobus de Pratis verlangte. Diese soll sich, etwa 10 Galeeren stark, im „pisischen Meere" zeigen, um etwaige Unternehmungen der florentinischen Landmacht gegen Pisa zu unterstützen[2]). Kam dieser Vorschlag zur Ausführung, so musste Galeazzo seine Truppenmacht zersplittern; andrerseits konnte auch Florenz hoffen, bei dieser Gelegenheit sich wieder den Zugang zum Meere zu öffnen, der ihm jetzt durch Uebergang Pisas in mailändische Hände versperrt war. Indess blieb es bei dem Plane, da sich die Erfolglosigkeit des deutschen Angriffes auf Mailand zu bald herausstellte, Galeazzo aber ganz gut einen Teil seines Heeres vom lombardischen Kriegsschauplatze nach Toscana entsenden konnte, so dass auch den Florentinern die Möglichkeit zu grösseren Operationen genommen war.

Doch wenden wir uns den Rüstungen Ruprechts in Deutschland selbst zu; sie waren, wie wir gesehen haben, trotz der ablehnenden Haltung der deutschen Kaufleute, nicht unterbrochen worden. Indess kann es nicht meine Aufgabe sein, näher auf die Verhandlungen mit den einzelnen Reichsständen wegen der Beteiligung an dem Zuge einzugehen: man findet die diesbezüglichen Zusammenstellungen vollständig in den Reichstagsakten[3]). Die Summe dieser ist in zwei Kostenüberschlägen[4]) zu dem ersten Monat gezogen, von denen für uns der zweite der massgebende ist. Im Ganzen sind ungefähr 3200 Gleven zu je 3, bei der Leibwache des Königs und der Königin zu je 4 Pferden berechnet, mit einem Solde von ungefähr 79.000 fl.[5]),

---

[1]) RTA. IV. nr. 364. 365. (Juli 26. und 28. 1401). [2]) RTA. IV. nr. 369. art. 6—9. [3]) RTA. IV. Reichstag zu Mainz. Juni-Juli 1401. lit. I. ff. [4]) RTA. IV. nr. 390. 391. [5]) Burggraf Friedrich VI. von Nürnberg erklärt, mehr als 25 fl. für die Gleve verlangen zu müssen, worauf jedoch Ruprecht nicht eingehen konnte, weil sonst auch die anderen einen höheren Sold beansprucht hätten. RTA. IV. nr. 377. art. 2.

welche für den ersten Monat vorausbezahlt werden sollten. Immerhin ist diese Summe für einen, der sich „vaste verkostiget" und all das Seine ausgegeben hat, eine recht beträchtliche zu nennen. Jedoch hatte er noch die Hoffnung, dass Pitti das florentinische Geld nach Augsburg bringen würde. Aber ist es nicht unbegreiflich, dass Ruprecht nicht auch die Möglichkeit ins Auge gefasst zu haben scheint, dass das Geld doch ausbleiben könne? Welchen Eindruck musste es machen, wenn der König dann dem Heere, das er zu einem mindestens 3—4 Monate dauernden Zuge aufgeboten, gleich den ersten Monatssold nicht zahlen konnte? Das alles aber scheint er sich nicht überlegt zu haben; und man kann wohl mit Recht sagen, dass eben diese finanzielle Abhängigkeit von dem guten Willen des Bundesgenossen den Miserfolg des ganzen Zuges zur Folge haben musste.

Bevor Ruprecht den Zug über die Alpen antrat, mochte es wohl gut scheinen, mit Wenzel in Unterhandlungen zu treten, um wenn irgend möglich friedlich sich mit ihm auseinanderzusetzen. Dabei hat Wenzel einen höchst merkwürdigen Vorschlag gemacht: Ruprecht solle König bleiben, Wenzel jedoch die Kaiserwürde sich erwerben. Darauf konnte Ruprecht auf keinen Fall eingehen: denn um Kaiser zu werden, müsse man deutscher König sein; das sei jener aber nicht, da er rechtmässig abgesetzt sei; Ruprecht selbst müsste dann vorher die Krone niederlegen; aber ob dann die Kurfürsten bei der Neuwahl Wenzel wählten, erscheine ihm zum mindesten zweifelhaft[1]). Da aber auch Ruprechts Forderungen an Wenzel nicht gerade bescheiden waren, so war es nicht zu verwundern, dass sich die Unterhandlungen über ein friedliches Uebereinkommen zerschlugen. Um aber Wenzel die Möglichkeit eines Eingreifens in Deutschland während des Romzuges zu nehmen, musste man ihn im eigenen Lande festhalten. Zu diesem Zwecke sehen wir Ruprecht in enge Beziehungen zu der böhmischen Adelsopposition, mit Jost von Mähren an der Spitze, treten[2]). So konnte sich in Deutsch-

---

[1]) RTA. IV. nr. 392. art. 1.   [2]) RTA. IV. nr. 393 396.

land das Gerücht verbreiten, die Heeressammlung in Augsburg habe nicht den Romzug, sondern einen neuen Krieg mit Wenzel im Auge[1]). Und so sehr rechnete man mit dieser Möglichkeit, dass Strassburg sich beeilte, seinen Gesandten den Auftrag zu geben, sich in Mainz nach der Stellung der übrigen Städte zu dieser Frage zu erkundigen.

Thatsächlich konnte darüber kein Zweifel herrschen, dass Ruprechts Ueberzeugung dahin ging, dass nur auf dem Boden Italiens die Entscheidung zwischen ihm und Wenzel fallen könne; die Kaiserkrönung in Rom musste sie zu seinen Gunsten wenden.

---

[1]) RTA. IV. p. 480; 4.